dtv

Rafik Schami

Eine deutsche Leidenschaft namens Nudelsalat

und andere seltsame
Geschichten

Deutscher Taschenbuch Verlag

Die Taschenbücher von Rafik Schami erscheinen im
Deutschen Taschenbuch Verlag.

Ausführliche Informationen über
unsere Autoren und Bücher
finden Sie auf unserer Website
www.dtv.de

2011 Deutscher Taschenbuch Verlag GmbH & Co. KG,
München
2. Auflage 2011
© 2011 Deutscher Taschenbuch Verlag GmbH & Co. KG,
München
Umschlagkonzept: Balk & Brumshagen
Umschlaggestaltung: Ruth Botzenhardt unter Verwendung
von Fotos von gettyimages/TS Photography
Gesetzt aus der Fairfield light 10/12,25·
Satz: Fotosatz Amann, Aichstetten
Druck und Bindung: Druckerei C.H.Beck, Nördlingen
Gedruckt auf säurefreiem, chlorfrei gebleichtem Papier
Printed in Germany · ISBN 978-3-423-14003-4

*Für
Emil Fadel,
für die kostbaren Jahre*

Rückblende der Sehnsucht

Orte der Kindheit melden sich als Antwort auf Entfernung und Trennung oft in schillernden Farben zurück. Es sind Erinnerungen in Bildern, Stimmen und Geschichten. Wäre mein Gedächtnis eine Lagerhalle, so hätte die Abteilung »Kindheit« die meisten Mitarbeiter, und diese müssten mit Sicherheit oft zu Unzeiten Überstunden machen. Am frühen Morgen und spät in der Nacht.

Und seltsam ist, wie die Erinnerung schärfer und weicher malt, als das Erlebte zu seiner Zeit gewesen sein kann.

Warum wir
keine Amerikaner wurden

Ein Onkel meines Vaters war nach Florida ausgewandert. Nach einem langen Arbeitsleben als Bäcker und Konditor war er ein reicher Mann geworden, aber kinderlos geblieben. Unter keinen Umständen wollte er sein Vermögen eines Tages einmal dem amerikanischen Staat vererben. Und da er als guter Araber auch nach vierzig Jahren noch eine starke Bindung zu seiner Sippe fühlte, schrieb er seinen drei Neffen, die ebenfalls alle Bäcker waren, sie sollten ihm Familienfotos schicken, da er Sehnsucht nach ihnen habe. In Wahrheit wollte er prüfen, wem gegenüber er möglicherweise Sympathie empfinden könnte.

Für uns in Damaskus bedeutete das einen überstürzten Fototermin. Wir bekamen neue Kleider und stellten uns im Innenhof unseres Hauses vor Blumen und Pflanzen in Pose. Der Fotograf war schlecht gelaunt, weil mein Vater dessen Kulissen aus Schwänen und Palmen rundweg abgelehnt hatte. »Schwäne bringen Unglück«, erklärte er dem Mann, meiner Mutter aber flüsterte er auf Aramäisch zu: »Das kostet sonst viel mehr.«

Mein Bruder Antonios hörte nicht auf, Faxen zu machen und vulgäre Dinge über den wirklich hässlichen Fotografen zu erzählen. Außerdem rief er dauernd dazwischen, er wolle als Hintergrund lieber ein Plakat vom

Wilden Westen, und brachte meine Schwester Marie und mich immer wieder zum Lachen. Nur mein ältester Bruder stand unbeeindruckt und mit unbeweglicher Miene neben uns. Das war mehr, als der Fotograf ertragen konnte. »Wir sind doch hier nicht in einer Kaserne, mach dich locker«, schimpfte er. Dann hustete er und spuckte auf die glänzenden Fliesen des Innenhofs. Meine Mutter hasste nichts auf der Welt mehr als Männer, die spuckten. Aus diesem Grund hatte sie meinem Vater eine ganze Schublade voll feinster Taschentücher geschenkt. Sie verfluchte den Fotografen als Barbaren und als Sohn eines Barbaren und schaute angeekelt auf den mächtigen Batzen Spucke. Genau diese Miene war später auf dem Foto zu sehen.

Mein Bruder Antonios und ich bekamen die ersten Ohrfeigen. Marie blieb verschont, weil sie in ihrem weißen Kleid engelsgleich dastand und viel zu klein war für eine große Ohrfeige vom väterlichen Kaliber. Nach der zweiten Ohrfeige heulten wir. Der Fotograf verfluchte uns und mahnte meinen Vater barsch, seine Hand bei sich zu lassen. Diese Formulierung kam in meinem Leben nur einmal vor – *die Hand bei sich lassen*. Ich habe sie in bitterer Erinnerung und deshalb in meinen dreißig Büchern nicht ein einziges Mal gebraucht.

Als Antonios nicht aufhören wollte, Witze zu reißen, gab ihm mein ältester Bruder, stellvertretend für den Vater, einen kräftigen Tritt. Schlagartig verwandelte sich Antonios in einen Schauspieler, tat so, als wäre die Kamera des Fotografen, damals ein beachtlicher Kasten aus Holz, eine Filmkamera, und warf sich wie Robert Mitchum nach einem Faustschlag in einer Bar zu Boden. Der Fotograf bat ihn mit süßlicher, aber zugleich giftiger

Stimme aufzustehen. Antonios richtete sich auf und wischte sich mit dem rechten Handrücken über seinen Mundwinkel. Es gab nichts zu wischen, aber diese Geste gehörte zur Filmszene. Ich bog mich vor Lachen und mein Vater drehte mir gegen alle Gesetze der Physik, Biologie und Pädagogik mein rechtes Ohr um 180 Grad herum. Und staunte selbst, wie das Ohr in seine Ausgangsposition zurückschnellte. Dieses Staunen ließ sein Gesicht auf dem Foto nicht gerade intelligent erscheinen.

Ich mache es kurz. Das Foto wurde nach Amerika geschickt. Der Onkel in Florida hat nie geantwortet. Und so blieben wir Syrer.

(2005)

Erinnerst du dich?

Erinnerst du dich an unsere erste Begegnung? Ich weiß es noch wie heute. Es war Ostern, und Damaskus hatte es wie immer eilig und bot seinen Bewohnern einen sommerlich heißen Tag. Du hast ein dunkelblaues Kleid getragen und dieses merkwürdige klotzige vergoldete Herz an einer nicht dazu passenden dünnen Halskette. Ich ahnte sofort, dass du aus ärmlichen Verhältnissen kommst. Das ist das Geschenk, das reiche Eltern ihren Kindern mit auf den Weg geben: einen unbestechlichen Blick für die Armut, auch wenn sich diese mit Strass und Klunkern tarnt.

Aber als du mich angeschaut hast, war ich irritiert. Deinen Blick besaßen damals nicht einmal die Töchter der höchsten Kreise. Nur die Söhne der Feudalen hatten diesen herrischen Blick, der jedem sagte, hier bin ich der Herrscher, der dir gestattet, seine Anwesenheit zu genießen. Deine Antworten waren verwirrend frisch. Sie begaben sich nie ins Labyrinth der arabischen Höflichkeiten, sondern zielten ins Schwarze und trafen mein Herz.

Ich war zwanzig und befand mich bereits am Ende einer Sackgasse. »Hat jetzt eine weitere Tonne bitterer Galle dein Herz verlassen?«, hast du oft scherzhaft gefragt.

Übertrieben hast du nie. Jahr für Jahr hast du eine Region meines Herzens von Bitterkeit befreit, bis ich mich nach zehn Jahren an deiner Seite eines schönen Morgens so federleicht fühlte, dass ich, wenn ich etwas mutiger gewesen wäre, hätte fliegen können.

Du hast mir viel Zeit gegeben. »Warum warst du so bitter?«, hast du erst Jahre später gefragt; und ich wollte es dir immer erzählen, doch ich fand keine Gelegenheit oder hatte die Ruhe nicht. Jetzt ist der richtige Zeitpunkt.

Mein Vater, der große Georg Abiad, hatte mit seiner Schwester Amina, der steinreichen Witwe des ersten syrischen Bankiers, Joseph Hawi, ausgemacht, dass ich ihre Tochter Maissa heiraten sollte, um Ruhm und Reichtum zu vermählen. Ich mochte Maissa nicht. Sie war doppelt so groß wie ich und ihr Hintern roch ekelhaft nach altem Ziegenbock. Woher ich das wusste? Das ist eine kleine Geschichte.

Sie war drei Jahre älter als ich, und was ich von ihr aus vergangenen Kindertagen im Gedächtnis behalten hatte, war, dass sie mich immer schlug, mich zu Boden warf, sich auf meine Brust setzte und ihre Süßigkeiten aß. Sie nannte mich nur Kissen und Docht oder Zahnstocher. Mit den Jahren bekam ich immer Angst, wenn ich hörte, dass Tante Amina mit ihrer Tochter Maissa zu uns kommen wollte. Ich versteckte mich, und obwohl unser riesiges Haus Nischen und Winkel hatte, die nicht einmal ich kannte, und obwohl mich keiner der vielen Bediensteten meiner Eltern verriet, saß Maissa schon nach einer Viertelstunde auf mir und aß, bis irgendjemand Mitleid mit mir bekam und sie höflich bat, mich freizugeben. Sie sagte dann nur schlecht gelaunt: »Na, wenn es sein muss«, und stand auf. Und danach rochen mein Hemd und meine Hose so sehr nach altem Ziegenbock, dass ich mich sofort umziehen musste, wollte ich mich nicht erbrechen. Ich habe sie gehasst, doch wie so oft im Leben sollte gerade sie mir zu meinem Glück verhelfen, aber das kam ja erst viel später.

An dem Tag, als ich dich sah, war ich also sehr verbittert. Mein Vater hatte am Morgen mit dem Bischof gesprochen und festgelegt, dass die Hochzeit an Ostern stattfinden sollte. Wir, meine Cousine und ich, könnten uns in dem verbleibenden Jahr näher kommen.

»Docht«, sagte sie mir bei der nächsten Begegnung. Sie war dreiundzwanzig, und obwohl sie sich seit Jahren nicht mehr auf mich setzte, roch ich nach jeder Begegnung mit ihr sehr unangenehm und musste mich duschen. »Docht, ich will dich nicht«, sagte sie leise, »ich liebe einen anderen, einen Prachtkerl, der mich bei jeder Umarmung zerquetscht. Er ist verheiratet, aber er wartet, bis seine schwerkranke Frau stirbt, und ich will nur ihn. Zum Teufel mit deinem Vater und meiner Mutter.«

Ich liebte damals keine Frau. Ich wusste nicht einmal, was Liebe ist. Meine Eltern küssten sich nie. Ich erinnere mich noch daran, wie ich einmal in der Küche den Chauffeur meines Vaters dabei ertappte, wie er unsere hübsche Köchin küsste, und wie ich schrie: »Mama, Mama, der Chauffeur frisst unsere Köchin!«

Mein Vater ging, was ich erst viel später erfuhr, jede Woche zu seiner Hure, was meine Mutter damals mit der Geduld der arabischen Frauen ertrug. »Männer brauchen das«, sagte sie später verklärend und umhüllte ihre sklavische Haltung mit dem Mantel der Weisheit. »Sonst steigen ihnen die Samenwürmchen ins Hirn und fressen es auf.«

Ich fand Maissa zum ersten Mal in meinem Leben sympathisch und sehr mutig. Sie beging eine Todsünde und kümmerte sich nicht darum. Jeden Sonntag in der Kirche nahm sie die Kommunion und ging an mir vorbei zur Bank der Frauen. Sie ging mit verklärtem Blick, als wäre sie die heilige Therese persönlich. Als ich sie einmal unter vier Augen giftig darauf ansprach, lächelte sie. »Mein aufrechter Zahnstocher«, sagte sie, weil ich mir besondere Mühe gab, mit geschwellter Brust vor ihr zu stehen, »Liebe ist nie Sünde, lass dir das gesagt sein. Die Pfaffen haben keine Ahnung davon. Sie leben zu lange hinter hohen Mauern, und wenn sie das Kloster verlassen, tragen sie die Mauer im Herzen. Nein, mein Gewissen ist reiner als eine Lilie, und wenn Halim, mein Geliebter, mich drückt, rieche ich das Paradies und manchmal sehe ich sogar Engel auf einer Wolke vorbeischweben.«

Damals dachte ich, sie spinnt, aber hast du mir nicht später auch immer wieder dieselben Worte gesagt, als hätte Maissa sie dich gelehrt?

Ja, Maissa. Sie wartete Jahre auf ihren Halim, doch er starb vor seiner Frau. Und sie? Sie wurde verrückt vor Trauer.

Aber auch das war ja erst viel später. Damals, als ich dich sah, war die Welt ein einziger Schmerz. Mein Vater hatte von meiner Mutter erfahren, dass ich Maissa nicht wollte.

»Und warum?«, fragte er mich fast interessiert.

»Ich liebe sie nicht«, sagte ich mit dem Mut des Verzweifelten. Er hatte mich als Kind wegen Nichtigkeiten oft halb totgeschlagen.

»Maissa ist eine gute Frau und du wirst dich an sie gewöhnen, so wie ich mich an deine Mutter gewöhnt habe. Männer brauchen keine Liebe. Das ist Dichtung. Sie brauchen Rückendeckung und einen Stammhalter, und wie du siehst, habe ich keine schlechte Wahl mit deiner Mutter getroffen. Und wie lebt sie? Sie ist eine Königin. Sie braucht nur mit dem Finger zu schnippen, dann rennen alle im Haus, um ihr den Wunsch zu erfüllen.«

Mutter hatte mit vierzig Jahren zehn Kinder in die Welt gesetzt, drei davon waren schon unter der Erde. Sie war rund und rotbackig geworden und starb mit fünfzig an einem Hirnschlag. Und Vater hatte nicht gelogen. Sie war für die anderen Menschen eine Königin, aber eine Sklavin vor ihm. Er verehrte sie – vor allem vor Gästen. Sie war in der Tat eine Herrscherin über zehn Bedienstete, die im großen Garten, in der Küche, in den Wäscheräumen und den unzähligen Salons, Schlafzimmern, Bädern, Vorratsräumen, Kellern und Dachböden unablässig beschäftigt waren. Sie war eine einsame Herrscherin, todunglücklich, und hatte zu uns Kindern kein Verhältnis. Sie kam mir vor wie die Direktorin eines vornehmen Kinderheims.

Meine Eltern bewohnten damals das größte Haus in der Saitungasse. Es lag unmittelbar neben dem Sitz des katholischen Patriarchen. Ein Jahr nach unserer Flucht war das Haus dann in Brand geraten und Vater war dem Tode nur durch ein Wunder entkommen. Er wollte das Anwesen nie wieder betreten. Er verkaufte den Grund für viel Geld an die katholische Kirche und baute sich davon eine Villa in der neuen Stadt in Salihije. Dort leben heute noch meine drei jüngsten Schwestern mit ihren Ehemännern und zwanzig Kindern. Du weißt, sie können uns alle nicht in die Augen schauen, weil sie sich ihres Reichtums schämen, den sie durch meine Enterbung an sich gerissen haben. Aber das kam ja erst viel, viel später.

Damals, als ich dich sah, war ich dem Tode nahe.

Kennst du das? Man weiß, man will etwas nicht machen, aber alle anderen machen es. Michel wie Georg, die Söhne unserer wohlhabenden Nachbarn, heirateten Frauen, die von ihren Eltern bestimmt worden waren. Dabei hatten sie im Gegensatz zu mir bereits mit achtzehn ein abenteuerliches Leben mit jungen Frauen und Huren hinter sich, und ich dachte, wenn ich ihre Schilderungen hörte, ich komme aus einem Kuhdorf in den Bergen. Ich glaubte, sie würden es weit bringen und mindestens eine englische oder spanische Prinzessin heiraten, während ich als Ehemann unter Maissa liegen würde. Aber die zwei kamen in ihrem ganzen Leben nicht weiter als Bab Tuma, wo das Juweliergeschäft ihres Vaters war, und ihre Mutter bestimmte ihr Leben, denn ihre Frauen wurden bald zu Bediensteten im großen herrschaftlichen Haus. Und wenn ich sie fragte, wie es ihnen gehe, antworteten sie bitter: »C'est la vie« oder: »Das Leben ist kein Film.«

Alle, auch meine Geschwister, gehorchten dem Gesetz der Sippe. Die Sehnsucht nach Macht und Sicherheit war stärker als der Traum vom Herzkitzeln, das niemanden satt macht. Und sie alle zählten mir auf, welche Macht oder wie viel Geld der Mann oder die Frau, die für sie bestimmt war, hatte. Und als ich einmal fragte, wollt ihr leben oder den Staat mit Macht und Geld anführen, lachten sie mich aus. Und wenn dann etwas schiefging bei ihnen, nannten sie es Schicksal, auch das, was sie selbst verschuldet hatten.

Nur ich wollte mich nicht beugen und war einsam wie ein Verstoßener in der Wüste. Heute kann ich darüber lachen, aber damals konnte ich nicht schlafen.

Als ich dich traf, war ich am Tiefpunkt meines Lebens. Ich wollte auf gar keinen Fall mit Maissa leben und wusste keinen Ausweg, und dann sah ich dich. Mich faszinierte dein leichter Fuß. Im Tanz wie im Leben.

Erinnerst du dich, wie dünn du warst? Du hättest unter der Tür hindurchschlüpfen können. Ich dachte, die arme Frau hungert, wenn ich mit ihr lebe, werde ich sie zu einer Schönheit herausfüttern, aber als ich dann sah, was du an Mengen in dich hineingestopft hast und wie du trotzdem dünn geblieben bist, gab ich das Füttern auf. Ich weiß noch, du hast rote Schuhe getragen und ich liebte sie an deinen Füßen, und dann hast du mit den anderen im katholischen Gemeindehaus getanzt. Und ich war eifersüchtig auf alle und wusste nicht, warum.

Pfarrer Samuel hatte mich damals eingeladen. Er konnte nicht verstehen, dass mein Vater mich gegen meinen Willen verheiraten wollte. Ja, Pfarrer Samuel, das war ein Kerl. Er soll in seinem Leben die Erde einmal rundherum bereist haben, und einmal vertikal, durch Himmel und Hölle. Er war sechzig, doch sein Herz war jünger als unseres.

Er sagte mir, ich solle nicht so traurig dreinblicken, denn das passe nicht zu mir, und wenn ich Lust hätte, solle ich zu seinem Treff am Sonntagnachmittag kommen. Man singe und tanze zusammen und esse dann gemeinsam Abendbrot. Ich kam, ohne etwas zu erwarten, und ahnte nicht, dass mein Leben dort einen neuen Anfang nehmen würde und dass ich mit einer Liebe reich würde, die heute, mehr als fünfzig Jahre danach, noch heftiger in meinem Herzen pocht als zu ihrem Anfang. Hörst du, mein Herz?

Wenn mir das damals jemand gesagt hätte, so hätte ich gelacht und ihn gebeten etwas weniger zu übertreiben, aber wie du immer gesagt hast, das Leben ist der größte Märchenerzähler aller Zeiten.

Erinnerst du dich? Als ich dich fragte, ich saß zufällig neben dir beim Abendbrot, was du so machst, da hast du frech gesagt: »Ach, was soll eine wie ich schon den ganzen Tag tun? Vierzehn Stunden Daumendrehen und acht Stunden Schlaf.«

»Aber es bleiben zwei Stunden übrig«, wandte ich ein und schaute in die schönsten Augen der Welt, die vor Freude nur so sprühten.

»Ach ja, die übrigen zwei Stunden verbringe ich im Bad, um mich nach dem Daumendrehen zu erfrischen.«

Ich lachte.

Und im Laufe des Abends merkte ich, wie fremd auch du in dieser Versammlung warst. Erinnerst du dich? Du warst die einzige Frau, die nicht nur dann gesprochen hat, wenn man sie fragte, sondern auch dann, wenn *sie* das wollte.

Und du hast mir erzählt, dass du Dienstmädchen im Hause eines französischen Generals seist und dass die Herrin des Hauses sehr nett zu dir, aber nicht zu ihrem Mann sei. Und dass du schon seit zehn Jahren bei ihnen arbeitest, damit deine verarmte Familie überleben kann.

Ich erschrak, als ich erfuhr, dass du schon mit acht Jahren deine Familie ernähren musstest.

»Ich hatte noch Glück. Meine anderen Geschwister müssen noch härter arbeiten und liefern zu viert nicht so viel ab wie ich alleine. Die Franzosen sind großzügig.«

Ich hatte keine Ahnung von dieser Welt gehabt und bis

dahin wie in parfümierter Watte gelebt, blind und taub für alles, was außerhalb meines Elternhauses passierte, und dann hast du mir erzählt, wie ihr als kleine Kinder vor Hunger nicht schlafen konntet. Und das im selben christlichen Viertel von Damaskus.

Ich durfte dich dann zu dem Haus in Bab Tuma begleiten, aber vor Sonnenuntergang. Das war die Bedingung der französischen Hausherrin.

Erinnerst du dich? Als du mich beim Abschied gefragt hast, ob ich am nächsten Sonntag wieder zu Pfarrer Samuel kommen würde, war es um mich geschehen. Dieser Blick, mit dem du mich gefragt und zugleich gebeten und mir befohlen hast, brachte mich um den Schlaf. In jener Nacht sah ich im Traum, wie die Mauer am Ende der Sackgasse zusammenfiel und an ihrer Stelle eine Kreuzung erschien. Ich stand da und hatte Angst und eine Stimme rief aus der Ferne nach mir.

Erinnerst du dich an unseren ersten Kuss? Es war an jenem zweiten Abend, und von da an war ich süchtig nach deiner Haut und deinem Geruch. Mein Vater merkte es als Erster, gleich beim Abendessen sagte er laut zu meiner Mutter: »Dein Sohn ...« – vor Schimpftiraden pflegte er sich immer von dem Beschimpften zu distanzieren. Für meine Mutter war das der Alarm, sich zu ducken, damit sie sich nicht an der Lava verbrannte. Ich fürchtete ihn aber zum ersten Mal in meinem Leben nicht. Weder seine Worte noch seine Hand, ich hatte schon beschlossen, mit dir zu gehen –, »... dein Sohn liebt eine Hure und deshalb will er meine Nichte nicht. Nur wer Huren liebt, bekommt solche Teufelsaugen, an denen ein Messer zerbricht.«

Ich stand auf und ging.

Später sollte er dann erzählen, dass ich schon, als ich ihn verließ, und nicht erst, als ich dich geheiratet habe, enterbt gewesen sei.

Ich aber suchte dich und war so dumm, dass ich dachte, du würdest gleich mit mir abhauen und womöglich den Märtyrertod sterben.

»Salem«, hast du gesagt, »ich will nicht mit dir sterben, sondern leben.« Und deshalb sollte ich meinen und deinen Taufschein besorgen, die uns erlaubten, bei jedem anständigen Pfarrer zu heiraten.

Deine Vernunft hat mich erschreckt und sie sollte es in den nächsten Jahrzehnten noch öfter tun, lach nur. Ich dachte an den süßen Tod, du dagegen wolltest sichergehen.

Ich musste dir Recht geben, denn bereits um die Ecke lauerten zwei Männer auf mich. Sie sollten mich im Auftrag meines Vaters zusammenschlagen und nach Hause schleifen.

Ich entkam ihnen und versteckte mich bei Pfarrer Samuel, der mir erst nicht glauben wollte, dann aber auf seinen Wegen erfuhr, dass mein gekränkter Vater alles daransetzte, mich gefügig zu machen.

»Er will dich lieber umbringen, als dass du sein Wort brichst«, berichtete er mir besorgt.

Pfarrer Samuel verschaffte uns die Papiere. Gerade trat ich aus seiner Tür, da stieß mich Maissa fast um. Sie lachte breiter, als ihr Gesicht war. »Zahnstocher«, rief sie, »und ich habe gedacht, in diesem winzigen Brustkörbchen könne nur das Herz eines Regenwurms Platz finden. Alle Achtung! Meine Alte tobt und heult, seit mein Onkel ihr von deinem Nein berichtet hat.«

Und als sie von meinem Fluchtplan hörte, lief sie nach

Hause und brachte mir zum vereinbarten Ort nahe der Omaijadenmoschee einen kleinen Samtbeutel mit fünfzig Goldlira. »Für das erste Jahr, bester Zahnstocher«, sagte sie und verschwand in der Menge.

Und dann war ich auf einmal mit dir allein, in diesem Zimmer im Beiruter Daura-Viertel, und du umgabst mich mit deiner Liebe, ganze Tage, Monate und Jahre.

Als mein Vater starb, wollte ich nicht zu seiner Beerdigung, doch du hast mich gedrängt, und ich fuhr ohne dich und ohne unsere zwei kleinen Töchter. Die Beerdigung mit Pomp und Gloria hätte ihm gefallen. Doch dann entdeckte ich meine in sich zusammengesunkene Mutter.

Ich hätte nicht auf sie hören sollen.

Sie weinte und bat mich, nach Damaskus zurückzukommen und in ihrer Nähe zu bleiben. Sie war auf einmal so klein und einsam.

Du warst arglos und deine Sehnsucht nach den Orten deiner Kindheit blendete dich. Wir wären besser in Beirut geblieben, denn vom ersten Tag an war unser Leben in Damaskus aus den Fugen geraten. Plötzlich musste ich dich nicht nur mit den Kindern, sondern auch mit deinen unendlich vielen Verwandten teilen, die ich ja gar nicht kannte. Ich begann sie alle zu hassen. Ich wusste, dass die verlorenen Minuten nie wieder zurückzuholen waren, und deine Sippschaft, ja lach nur, so nannte ich deine Verwandten immer gehässig, also, deine Sippe weckte uns am frühen Morgen und ließ von uns erst, wenn wir vor Müdigkeit wie erschlagen waren.

Sie liebten dich, wie der Krake seine Beute liebt. Du warst die Oase in ihrer Einöde und ich suchte vergeblich deine Nähe. Manchmal konnte ich am Tag nicht einmal eine halbe Stunde mit dir sprechen, ohne dass sich eine fremde Nase zwischen uns schob. Ja, doch, doch, auch unsere Töchter Sahar und Samar gehörten dazu.

In dieser Zeit öffnete sich ein feiner Riss zwischen uns, erst unmerklich, und dann, als ich ihn endlich wahrnahm, war er schon ein beängstigend klaffender Spalt geworden.

Meine Mutter aber, der ich nun ein gelassenes Leben wünschte, konnte mit ihrem Leben ohne ihren Mann nichts anfangen. Sie fühlte sich leer und litt sehr. Sie bedrängte mich oft, sie zu besuchen. Das habe ich dir verheimlicht, ohne die geringsten Gewissensbisse zu haben. Du hattest ohnehin keine Zeit mehr für mich. Ich ahnte nicht, dass ich bei jeder Begegnung mit meiner Mutter einen Schritt weiter von dir wegging. Ich fühlte nur, dass meine Mutter mir so nahestand wie noch nie und dass sie mich brauchte. Bei dir hatte ich immer das Gefühl, du wärst sehr stark und bräuchtest niemanden. Eine unerschöpfliche Tankstelle.

Und dann begannen wir zu streiten. Weißt du noch, wann das erste Mal war?

Ich schon. Es war an Weihnachten, als meine Mutter einmal mit uns feiern wollte. Sie geriet mit deiner Mutter in Streit. Da fragte ich dich, ob deine Sippe uns nicht einen einzigen Tag in Ruhe lassen könnte. Ich schrie dich an. Und von da an hatte ich das Gefühl, dass du meine Mutter nicht magst, obwohl sie dich und unsere zwei Mädchen gern hatte. Wir stritten bei jedem Besuch.

Liebte mich meine Mutter so sehr, dass sie die Zerstörung meines Glücks nicht wahrnahm? Oder nahm sie mein Unglück in Kauf, um sich vor der Einsamkeit zu retten? Sah sie den Augenblick ihrer Rache gekommen? Weil ich mir mit meiner Entscheidung für dich etwas genommen hatte, was sie und mein Vater nie gewagt hätten?

In dieser Zeit begingen wir zwei Fehler, und es ist tröstlich zu wissen, dass wir uns gegenseitig die Schuld gaben. Wenn ich heute darüber nachdenke, empfinde ich meine Schuld als größer. Damals, kurz nach unserer Rückkehr nach Damaskus, beging Yakub, dein langjähriger Verehrer aus der Ferne, Selbstmord, als er seine Hoffnungen endgültig zerstört sah. Ich wusste von alldem nichts. Du hättest mir davon erzählen sollen, hast du später gesagt, als wir uns versöhnten. Aber ich hätte mich auch um dich kümmern müssen, statt den Richter zu spielen und dich in meinem Herzen zu verurteilen. Ich wusste nichts von dem Selbstmord und konnte mir nicht erklären, warum du mich nicht mehr umarmen wolltest, noch nicht einmal flüchtig. Du hast dich mit deinem schlechten Gewissen hinter mehreren unsichtbaren Türen versteckt und dir in dieser Rolle der Schuldigen, die sich selbst anklagt, gefallen. Du hast dich innerlich immer mehr von mir entfernt, wie du mir später erklärt hast. Sechs Monate vergingen so und meine Lust nach dir brannte immer mehr in mir, und genau in dieser Zeit lernte ich bei einem Besuch bei meiner Mutter meine Cousine Laila kennen. Ich war ihr zuvor nie begegnet. Sie war in Kanada aufgewachsen und nach ihrer Heirat nach Damaskus zurückgekehrt. Ihr Mann, nicht länger der weltoffene Emigrant, der er in Kanada gewesen war, machte sie todunglücklich. Geizig, herrisch, gehorsam gegenüber seiner Sippe und, wie ich später erfuhr, impotent. Sie dagegen verkörperte die reine Lust.

Meine Mutter ließ uns immer wieder einmal allein

und irgendwann fielen wir auf eine Matratze. Laila befriedigte mich auf eine merkwürdige Art und war, wie sie selbst sagte, zum ersten Mal seit ihrer Jugend befriedigt. Ich liebte sie nicht, aber sie war meine sinnliche Oase. Sehr attraktiv und dumm, beschäftigte sie nur meinen Körper. Und ich konnte durch sie gelassener mit deiner abweisenden Haltung umgehen. Aber es war mir gleich, ob wir uns dreimal am Tag trafen oder einmal im Monat. Doch ihr war es das bald nicht mehr. Und dumm war nicht sie, sondern ich, denn sie hatte genaue Pläne für unsere gemeinsame Zukunft in Kanada geschmiedet.

Ich war schockiert.

Nachdem ich ihr erklärt hatte, dass ich dich niemals verlassen würde, reiste sie zwei Tage später nach Kanada.

Ich fühlte mich dir gegenüber schuldig und zwang mich, dir alles zu erzählen, und in dem Moment hast du mir zum ersten Mal von deiner Trauer über den toten Freund Yakub erzählt. Wir beendeten das Gespräch mit vielen Tränen und dem schönsten Liebesspiel meines Lebens.

Erinnerst du dich?

Dennoch gab es noch einzelne dunkle Wolken, denn meine Mutter kam nach wie vor Woche für Woche am Sonntag zu uns.

Es kam zum ersten großen Krach, und ich beleidigte dich zum ersten Mal vor meiner Mutter. Und als ob das noch nicht schlimm genug gewesen wäre, fühlte ich mich verraten von euch beiden. Ich wollte die Besuche meiner Mutter nur noch hinter mich bringen. Aber dann kam der Tag, der mich erschütterte, der Tag, an dem ich mich endgültig entscheiden musste.

Es war ein Samstag, und am nächsten Tag stand uns wieder ein langer Besuch meiner Mutter bevor. Sie kam immer nach der Frühmesse, um mit uns zu frühstücken, blieb dann zum Mittag- und zum Abendessen und dann erst begleitete ich sie nach Hause.

An jenem Samstag bist du aufgeregt in mein Arbeitszimmer gekommen. Du hattest einen Stock in der Hand, nein, eher eine furchterregende Holzlatte. Du hast geweint, zum Steinerweichen. Bei der Erinnerung muss auch ich weinen, entschuldige. Du hast verzweifelt gerufen: »Nimm den Stock und schlag mich, solange du willst!« Ich war zu Tode erschrocken. »Schlag mich, solange du willst, aber beleidige mich nie mehr vor deiner Mutter. Nicht weil es mich, sondern weil es dich erniedrigt.«

Ich bat dich um Verzeihung und sagte meiner Mutter am nächsten Tag, dass sie nicht mehr zu uns kommen solle.

An jenem Samstag fühlte ich zum ersten Mal, wie klein meine Liebe im Vergleich zu deiner war. Dieser Tag war wie eine neue Geburt. Ich war nicht mehr verliebt in dich. Da waren nicht länger Feuer und Eis, die immer aufeinanderfolgten und mich süchtig nach dir machten, da war vielmehr ein stetes Gefühl von Wärme, das mich täglich rettete. Dein Witz, deine leisen Schritte, deine Ausdauer und vor allem deine Nachsicht meinen Fehlern gegenüber. All das war die Liebe. Zum ersten Mal in meinem Leben musste ich das Alphabet lernen, mit dem ich die Liebe lesen kann. Nicht die atemlose Jagd nach Augenblicken höchster Erregung, die, wenn sie erfüllt sind, schnell erkalten. Erfüllung ist ein Gift für Verliebtheit und Nahrung für die Liebe.

Erinnerst du dich?

Dir war es manchmal peinlich, wenn ich dich verwöhnte. »Übertreib nicht so, sonst werde ich unverschämt«, hast du gesagt und ich hatte das Gefühl, dich zum ersten Mal gerecht behandelt zu haben.

Das Alltägliche mit dir, das war das Überraschende. Erinnerst du dich? Du hast mich darauf aufmerksam gemacht, dass wir uns in fünfzig Jahren nie zwei Mal auf die gleiche Weise geliebt, nie zwei Tage auf die gleiche Weise gelebt haben. Du hattest recht, aber ich fragte mich, warum ich nicht selbst auf solche Gedanken kam. Ich glaube wirklich, dass Frauen Erinnerungen anders abspeichern als Männer.

Bist du nicht auch der Meinung ...

Es klopft an der Tür.

»Vater«, sagt eine schwarz gekleidete Frau, »der Pfarrer wird ungeduldig. Er muss nach der Beerdigung noch zu einer Taufe.« Sie spricht fast flehend. Der alte Mann schreckt auf.

»Natürlich, natürlich«, murmelt er, dreht sich noch einmal zu der Toten auf dem Bett. »Bis bald«, sagt er leise.

(2006)

Der andere Blick

Von außen besehen erscheint das Selbstverständliche fremd und das Fremde gewöhnlich. Ich habe vor meiner Auswanderung nie gedacht, dass ich etwas in mir trage, was je nach Blickwinkel als »Geschenk« oder als »Strafe« der Wüste betrachtet werden kann. Ich lebte unter meinesgleichen, und alle Araber tragen diese Kultur in sich, ohne darüber nachzudenken.

Am Frankfurter Flughafen an jenem eiskalten 19. März 1971 merkte ich zuerst einmal, dass ich viel zu dünn angezogen war. Ich war ja kurzärmlig aus einem bunten Frühling in klirrende Kälte geflogen. Das war der erste, aber bedeutungsschwere Hinweis, dass hier das Leben anders sein würde.

Von Kulturschock konnte bei mir keine Rede sein, da ich mit der europäischen Kultur, in ihrer französischen Spielart, vertraut war, aber ich spürte, dass der Fremde plötzlich zu einem Kind wird, das neu lernen muss zu gehen, um die unbekannte Welt im Tempo einer Schildkröte zu ertasten, zu riechen, zu schmecken und zu fühlen. Das alles war für mich aufregend, und ich beobachtete nicht nur die Menschen um mich herum, sondern vor allem mich selbst und staunte über die Veränderungen in meinem Leben.

Eine deutsche Leidenschaft namens Nudelsalat

In Damaskus fühlt sich ein Gastgeber beleidigt, wenn seine Gäste etwas zu essen mitbringen. Und kein Araber käme auf die Idee, selbst zu kochen oder zu backen, wenn er eingeladen ist. Die Deutschen sind anders. Wenn man sie einlädt, bringen sie stets etwas mit: Eingekochtes vielleicht oder Eingelegtes, manchmal auch selbstgebackenen Kuchen und in der Regel Nudelsalat. Man sagt, wenn man zehn Deutsche einlädt, sollte man mit drei Nudelsalaten rechnen. Warum Nudelsalat, mit Erbsen und Würstchen und Mayonnaise? Wahrscheinlich deshalb, weil man Nudelsalat mit der einen Hand zubereiten kann, während man sich mit der anderen zurechtmacht.

Auch nach dreißig Jahren in Deutschland finde ich Nudelsalat noch immer schrecklich.

In Damaskus hungert ein Gast am Tag der Einladung, weil er weiß, dass ihm eine Prüfung bevorsteht. Er kann nicht bloß einfach behaupten, dass er das Essen köstlich findet, er muss es beweisen, indem er eine Unmenge davon verdrückt. Das grenzt oft an Körperverletzung, denn keine Ausrede hilft. Gegen die Argumente schüchterner, satter oder auch magenkranker Gäste halten Araber immer entwaffnende, in Reime gefasste Erpressungen bereit.

Das kommt vom Einfluss der Wüste auf das Leben der Araber. Die arabische Kultur hat dort ihren Ursprung, und wenn man einen Fremden mit Essen versorgte, rettete man nicht selten ein Leben.

Ein Nomade bewirtet den Fremden, weil er in ihm sich selbst sieht, eine Sicht, die bei Städtern getrübt oder völlig verschwunden ist. Ein Nomade weiß von Kind auf, dass er nur durch Zufall heute der Gastgeber ist, dass aber vielleicht bereits morgen ein Sandsturm ihn zum durstigen Fremden werden lässt, der im Augenblick seiner Ankunft bei dem, der ihm Schutz geben kann, kein Verhör, sondern Wasser, Brot und Ruhe braucht. Deshalb verbietet es die Moral der arabischen Nomaden, den Fremden in den ersten drei Tagen nach dem Woher und Wohin zu fragen. Diese freundliche Bewirtung des Gastes, mittels derer er zu Kräften kommt, hat in Arabien einen Namen: Gastrecht.

Die Araber der Wüste identifizierten sich mit dem Fremden so sehr, dass manche Stämme das Feuer die ganze Nacht besonders hell lodern ließen, damit der Schein dem irrenden Fremden den Weg zeigte, und wenn es stürmte, banden sie ihre Hunde draußen vor dem Zelt an, damit ihr Bellen dem Fremden Orientierung bot.

Aber auch wenn die Araber in Städten leben, tragen sie noch immer ein Stück Wüste in ihrem Herzen. Den Ruf eines großzügigen Gastgebers zu haben freut einen Araber wie sonst nichts auf der Welt.

Deutsche einzuladen ist angenehm. Sie kommen pünktlich. Sagen sie um vier, dann kommen sie um vier, manchmal sogar Viertel vor. »Wir haben mit Stau gerechnet«, erklären sie dem verlegenen Gastgeber.

Im Gegensatz zu Italienern, Arabern, Spaniern und Griechen, deren mediterrane üppige Küche sie zu hochnäsig und zu feige macht, um sich auf andere Speisen einzulassen, sind die Deutschen sehr mutig, ihre eher bescheidene Küche zu verlassen und andere, exotische Gerichte zu probieren. Sie scheuen weder vor japanischen, chinesischen, afrikanischen oder afghanischen Kochkünsten zurück. Und wenn es ihnen schmeckt, sagen sie nach genau neunzig Sekunden: »Lecker, kannst du mir das Rezept geben?«

Ein arabischer Koch aber kann die Entstehung eines Gerichts, das er gezaubert hat, gar nicht knapp und verständlich beschreiben. Er fängt bei seiner Großmutter an und endet bei lauter Gewürzen, die kein Mensch kennt, weil sie nur in seinem Dorf wachsen, und deren Name noch kein Botaniker ins Deutsche übersetzt hat. Die Kochzeit folgt Gewohnheiten aus dem Mittelalter, als man noch keine Armbanduhr hatte und die Stunden genüsslich vergeudete. Ein unscheinbarer Brei braucht nicht selten zwei Tage Vorbereitung, und das völlig unbeeindruckt von aller modernen Hektik.

Auch wenn den Deutschen das Essen gar nicht schmeckt, bleiben sie sehr höflich. Sie lächeln und sagen knapp: »Interessant.« Ich habe mich jahrelang gefragt, warum die Deutschen, Enkel der Dichter und Philosophen, ein Essen interessant finden. Ein Essen kann nicht interessant sein. Es ist weder eine mathematische Gleichung noch eine Naturerscheinung. Es schmeckt oder es schmeckt nicht. Ich hielt den Ausdruck für unpräzise, unbeholfen. Erst vor kurzem konnte ich diese höchst verschlüsselte Aussage dechiffrieren. Meine Güte! Die heutigen Deutschen machen ihren Vorfahren alle Ehre. Interessant – das ist eine geballte, auf ein Wort verdichtete Kritik, die die Verrisse des unbarmherzigsten Literaturkritikers wie süße Limonade wirken lässt. Sie meinen: Interessant, wie man aus wunderbaren Produkten und Ingredienzien so ein scheußliches Gericht kochen kann. Das alles steckt in diesem einen Wort.

Deutsche Gäste kommen nicht nur pünktlich, sie sind auch präzise in ihren Angaben. Wenn sie sagen, sie kommen zu fünft, dann kommen sie zu fünft. Man kann bereits am Nachmittag den Tisch decken. Und sollten sie wirklich einmal einen sechsten Gast mitbringen wollen, telefonieren sie vorher stundenlang mit dem Gastgeber, entschuldigen sich dafür und loben dabei die zusätzliche Person als einen Engel der guten Laune und des gediegenen Geschmacks.

So großartig Araber als Gastgeber sind, als Gäste sind sie furchtbar. Sie sagen, sie kommen zu dritt um zwölf Uhr zum Mittagessen. Um sieben Uhr abends treffen sie ein. Und vor Begeisterung über die Einladung bringen sie Nachbarn, Cousins, Tanten und Schwiegersöhne mit. Aber das bleibt ihr Geheimnis, bis sie vor der Tür stehen. Sie wollen dem Gastgeber doch eine besondere Überraschung bereiten und dessen Freude durch voreilige Anmeldung nicht schmälern.

Arabische Gäste kommen in der Regel unangemeldet. Und was macht der Gastgeber? Er hört die Klingel an seiner Tür, steht auf, unwillig, weil er gerade einen Krimi anschaut oder ein wenig Ruhe braucht, aber keine Gäste. Nun öffnet er die Tür und sieht einen Freund mit Anhang (fünf bis zehn Personen) vor sich. Er sagt nicht etwa: »Was gibt's?« oder: »Wen willst du mit diesem Trupp überfallen?« oder: »Kannst du dich nicht vorher anmelden, wo du mich doch auch sonst täglich mit deinen Anrufen traktierst?«

Nein, das sagt er nicht. Er lächelt, um sein Gesicht zu wahren und nicht als Geizkragen zu gelten, und bittet die Gäste feierlich herein, als hätte er auf sie gewartet. Und nun improvisiert er, spannt die ganze Familie und nicht selten auch noch die halbe Nachbarschaft für seine Blitzaktion ein, um den Gästen aus dem Nichts ein üppiges Mahl auf den sich biegenden Tisch zu zaubern. Am Ende sind der Gastgeber und seine Familie zwar restlos erschöpft, die Gäste aber sind zufrieden. Und der Gastgeber ist gerettet, er hat sein Gesicht gewahrt.

Einmal zählten wir in Damaskus eine Prozession von neunundzwanzig Menschen vor unserer Tür, als meine Mutter ihre Schwester eingeladen hatte, um mit ihr nach dem Essen in Ruhe zu reden.

Gastfreundschaft ist aber nicht angeboren. Das wissen die Araber und erziehen ihre Kinder deshalb von klein auf zur Liebe und Achtung gegenüber Gästen. »Der Gast ist ein Heiliger«, sagte meine Mutter, »wenn er sich bei dir wohl fühlt, segnet er dein Haus.«

Wir waren Kinder. »Und was, wenn er ein Teufel ist?«, fragten wir naiv und vorwitzig.

»Dann vergisst er die Stunden bei euch nicht, und wenn ihr bei ihm landet, schont er euch ein bisschen«, antwortete meine Mutter weise.

Ein arabisches Sprichwort sagt: Wer vierzig Tage mit Leuten zusammenlebt, wird wie sie. Seit fast vierzig Jahren lebe ich inzwischen mit den Deutschen zusammen, und ich erkenne Veränderungen an mir. Ein Fremder muss nicht Blutwurst und Saumagen essen, um angepasst zu sein. Spätestens wenn er anfängt, pünktlich zur Bushaltestelle und zum Bahnhof zu gehen, weil Busse und Züge nicht anhalten, wenn er ihnen winkt, ist er es. Und was ist mit den Mitbringseln der Gäste? Wein und Käse kann ich inzwischen annehmen, aber Nudelsalat – niemals.

(2000, 2010)

Der Leichenschmaus

*Oder warum Josef auf Arabisch lebte
und auf Deutsch starb*

Die ersten Tage, Wochen und Monate in der Fremde brennen sich dem Einwanderer in das Gedächtnis ein, ähnlich den Kindheitserlebnissen eines Menschen. Ich weiß noch, dass ich mit vier deutschen Wörtern hier ankam: »Ich liebe dich« und »Jawohl«. Den kleinen Satz hatte ich von den Touristenjägern in meiner Heimat aufgeschnappt. Sie riefen ihn hinter blonden Touristinnen her, wenn diese auf »I love you« oder »Je t'aime« nicht reagierten. »Jawohl« parierten deutsche Soldaten in schlechten amerikanischen Filmen über den Zweiten Weltkrieg.

Es war ein eiskalter Märztag. Und ich war todmüde. Zwei Abschiedsnächte hatte ich in Beirut durchgemacht. Ich schlief also schnell ein im Gästezimmer eines Heidelberger Studentenwohnheims.

Als ich am nächsten Tag aufwachte, warf ich einen Blick aus dem Fenster im achten Stockwerk und staunte über eine Landschaft, die wie mit Zuckerguss überzogen schien. So etwas hatte ich in Syrien nie gesehen. Ich erinnerte mich aber an eine Postkarte aus Schweden, die mir ein Tourist nach seiner Rückkehr einmal geschrieben hatte. Damals dachte ich mir, dass Postkarten ja manipuliert werden, um ein schönes Bild zu vermitteln. Die Karten aus Damaskus waren auch reichlich retuschiert und gerieten bisweilen zu farbig und ziemlich kitschig.

Ich dachte, die Stadtverwaltung ist sehr klug und verführt ihre Einwohner mit diesem Kunstwerk, trotz der eisigen Kälte (minus neunzehn Grad) aus dem Haus zur Arbeit zu gehen. Die Leute sind fasziniert von der Schönheit dieser verzuckerten Landschaft, achten nicht mehr auf die klirrende Kälte und marschieren brav in die Fabrik. Ich wollte unbedingt wissen, wie die Stadtverwaltung über Nacht ein solches Wunder hatte vollbringen können. In der Küche, die ebenfalls über ein großes Fenster verfügte, traf ich einen hageren bärtigen Mann. Er spielte bereits am frühen Morgen Schach, gegen sich selbst!!! Das war in meinen Augen der Ausdruck bitterster Einsamkeit. Er lächelte mich freundlich an. Immer noch benommen zeigte ich auf die Landschaft und lobte auf Englisch die Stadtverwaltung für ihren klugen Einfall, die Bevölkerung gleich am frühen Morgen in gute Laune zu versetzen. »Bei uns sieht man, wo man sich auch hinwendet, die Visage unserer Diktatoren, und leider sind sie alle sehr hässlich. Kein Wunder, dass den Arabern bereits am frühen Morgen die Lust auf ihre Arbeit vergeht«, erklärte ich.

Er lachte, nein, das sei kein Werk der Stadtverwaltung, hier habe die Natur gewirkt. »Raureif«, sagte er und setzte seinen unsichtbaren Gegner schachmatt.

»Raureif« war das erste Wort, das ich in Heidelberg lernte, und es gibt in der deutschen Sprache kaum eines, das schöner klingt.

Noch am selben Tag lernte ich bei einem Spaziergang mein zweites deutsches Wort: Auf dem Schaufenster eines großen Teppichladens prangte in großen roten Buchstaben die Aufschrift »Ausverkauf«. Das war die erste dieser merkwürdigen Vorsilben, die ich lernen musste: aus-, an-, ein-, ent-, auf-, zer-, ver-, also ausgehen, eingehen, begehen, vergehen, entgehen, zugehen, durchgehen, vorbeigehen, hervorgehen, herangehen, zergehen, aufgehen und so weiter. Die Araber erfinden für jedes Wort unzählige Synonyme, die kaum ein Mensch im Gedächtnis behalten kann, und die Deutschen pressen jedes Wort so lange aus, bis es nichts mehr hergibt. Ich habe mir das Wort »Ausverkauf« deswegen gemerkt, weil der Teppichhändler nach fünfzehn Jahren, als ich Heidelberg wieder verließ, noch immer das Schild »Ausverkauf« am Fenster hatte. Ich lernte ein für alle Mal, Teppichhändler nicht zu unterschätzen. Ein Buch-, Haushaltswaren-, Textil- oder auch Gemüsehändler würde so ein Schild nicht einmal einen Monat lang aufhängen können.

Die Wörter prasselten auf mich herab und begannen sich in meinem Gedächtnis einzunisten. Mein ehrgeiziger Plan, jeden Tag fünfzig neue deutsche Wörter zu lernen, ging nicht auf, aber auch im Scheitern habe ich noch großen Nutzen aus meinem Vorhaben gezogen. Ich schrieb jedes neue Wort von Hand ab, weil ich überzeugt war und bis heute bin, dass dieses geduldige Schreiben mir half, die Wörter auch nach geraumer Zeit wiederzuerkennen. Wörter, die ich nicht schrieb, verflachten schnell zu einer Ebene. Ich vergaß sie nicht, aber sie waren nicht so präsent wie ihre geschriebenen Verwandten, die wie Hügel aus der Ebene ragten. Wörter wiederum, die sich mit Geschichten oder Erlebnissen verbanden, bildeten ein unerschütterliches Gebirge. In dieser Gebirgslandschaft steht ein einziges Wort wie ein Fels aus Granit, dessen Anblick bei mir Gänsehaut erzeugt: Leichenschmaus.

Leichenschmaus ist eng mit Josef, seiner Geschichte, seinem Leben und Tod verbunden. Von ihm habe ich das Wort gelernt. Er war der erste Araber, den ich in Heidelberg kennengelernt habe. Er war mit meinem älteren Bruder befreundet und bot mir ungefragt und ziemlich pathetisch, wie in einem schlechten Mafiafilm, seinen Schutz an. Es zeigte sich, dass er es ernst meinte. Als ein Makler mich betrog und ich keine Möglichkeit fand, die astronomische Summe, die er von mir verlangt hatte, wieder zurückzubekommen, war Josef zur Stelle und machte den Mann zur Schnecke. Ich bekam umgehend mein Geld und der Makler entschuldigte sich sogar bei meinem syrischen Schutzengel.

Josef war zehn Jahre älter als ich und 1955 aus Damaskus nach Deutschland gekommen. Er gehörte noch der Generation von Ausländern an, die am Flughafen von ihren deutschen Gastgebern wie exotische Astronauten empfangen wurde. Von dieser feierlichen Sitte hatte ich gehört. Auf mich allerdings wartete an jenem Märztag 1971 niemand, und ich irrte lange auf dem Frankfurter Flughafen herum, bevor ich den Ausgang fand und den Weg zum Frankfurter Hauptbahnhof, um von dort mit dem Zug nach Heidelberg zu fahren.

Wie auch immer, Josef wurde von einem Professor und dessen Familie empfangen. In den ersten Wochen sollte er bei ihnen wohnen (er nannte es später: sich akklimatisieren), bis seine Papiere beschafft und sein Studienplatz sowie das Studentenzimmer organisiert waren.

Es war ein sonniger Tag im Frühjahr. Nach dem Kaffeetrinken schlug das Familienoberhaupt vor, zum nahegelegenen Friedhof zu gehen. Josef war entsetzt, unglücklicherweise ausgerechnet an einem Trauertag bei der Familie angekommen zu sein. Er sprach sein Beileid aus, doch der Familienvater beruhigte ihn: Es handele sich nicht um eine Beerdigung, sie wollten einfach nur einen schönen Spaziergang machen. Dass Josef urplötzlich ganz weiß im Gesicht wurde, erstaunte den Gastgeber nicht wenig. Er vermutete, dass seinem Gast die schwere Sahnetorte nicht bekommen war, und bot ihm an, sich auf dem Sofa zu erholen. Er war erst beruhigt, als er vom Spaziergang zurückkehrte und seinen Gast quicklebendig sah.

Ein Friedhof ist für jeden Araber von Geburt an ein Ort des Grauens und der Vergänglichkeit, der ihn, schon wenn er beiläufig erwähnt wird, mit Angst erfüllt. In meiner Heimatstadt Damaskus kursieren viele Anekdoten über Wetten und Mutproben, die jedes deutsche Kind ohne Weiteres bestehen würde. Nicht wenige Araber jedoch, mit funkelnden Augen und einem Schnurrbart, in dem sich ein Spatz samt Frau und Kindern hätte einnisten können, verloren ihre Wette: Diese Helden wankten mit zittrigen Knien vor das Friedhofstor und gaben sich geschlagen.

Die Deutschen haben ihre Friedhöfe in Parkanlagen verwandelt, in denen sie spazieren gehen, als empfänden sie gar keine Angst vor dem Tod. Ja, der Anblick so mancher Friedhöfe verführt einen fast zu glauben, der Tod würde den Deutschen Spaß bereiten.

Arabische Friedhöfe dagegen sind so unscheinbar und vernachlässigt, als wollten die Araber den Tod in ihrem Gedächtnis begraben und vergessen machen.

Eine Woche nach Josefs Ankunft starb die Mutter seines Gastgebers: Josef hatte die alte Frau nie gesehen, aber es war für ihn selbstverständlich, an der Beerdigung teilzunehmen. Der Professor bemühte sich geduldig, ihm den Ablauf zu erklären. Er sprach deutsch, und nur wenn er das Gefühl hatte, seine Worte erreichten ihr Ziel nicht, lieferte er eine knappe Erklärung auf Englisch nach. Josef aber war so streng erzogen, dass er zu allem nickte. Nicht selten hatte er sogar die Frage »Verstehen Sie mich?« bejaht, obwohl er sie nicht verstanden hatte.

An dem Tag jedoch war ihm fast alles klar, ohne dass er jedes einzelne Wort gekannt hätte, denn Josef war Christ, und das Begräbnisritual in der Kapelle und am Grab war ihm vertraut. Lediglich das Wort Leichenschmaus verunsicherte ihn. Er ging in sein Zimmer und schlug in seinem billigen deutsch-arabischen Wörterbuch nach. Für *schmausen* fand er mehrere Einträge: *küssen* (Dialekt), was falsch war, aber das wusste Josef damals noch nicht. Darunter stand: *geräuschvoll bzw. genussvoll essen*. Das Wort *Leiche* (pl. *Leichen*) fand er richtig übersetzt. »Plötzlich kam mir Hitchcock in den Sinn«, erzählte Josef mir später, denn der Professor habe Ähnlichkeit mit dem britischen Filmemacher gehabt.

»Dann dachte ich an irgendwelche Ureinwohner, die ein Stück des Leichnams eines Angehörigen zu sich nehmen, um ihn sich auf diese Weise einzuverleiben. Der Professor war lange Zeit in Afrika, Asien und Lateinamerika gewesen. Vielleicht hatte er bei irgendeinem Stamm seltsame Riten aufgegriffen. Außerdem ist so eine Leiche ja auch etwas Paradoxes. Der tote Angehörige ist gleichzeitig an- und abwesend«, philosophierte Josef, während er versuchte, die Leiche mit dem Schmaus in irgendeine vernünftige Beziehung zu bringen. »In dieser Verwirrung meiner Gedanken meldete sich in mir mein Vater, der von dem festen Glauben der Deutschen stets geschwärmt hatte«, fuhr Josef fort. »Du musst wissen, mein Vater war ein strenger Katholik. Er war stets voll des Lobes für Solinger Scheren, für die deutsche Post und die religiöse Inbrunst der Deutschen.«

Josefs Vater war sehr vermögend. Er arbeitete mit mehreren europäischen Firmen zusammen und führte zudem die Niederlassung eines deutschen Herstellers von Luxuskarossen. Er hatte seinem Sohn eingebläut, dass er erst wissen werde, was wahrer Glaube sei, wenn er die Deutschen erlebt hätte. Luther sei kein Spalter, sondern ein missverstandener, verkannter Katholik gewesen, der für die Reinheit der Lehre eingetreten sei. In Deutschland verstehe man, was die Einnahme des Leibes Christi bedeute, nicht aber diese Ignoranten in Damaskus.

Gefangen in seiner Einsamkeit dachte Josef also, hier würde eine urchristliche Gemeinde, im Geiste Christi vereint, ein Stück der toten Mutter zu sich nehmen. Er erinnerte sich, dass der Leib Christi ihm als Kind immer Schwierigkeiten bereitet hatte. »Ich liebte Jesus mehr als meinen eigenen Vater«, erzählte er, »und ich musste ihn jeden Sonntag essen. Kannst du dir das vorstellen? Natürlich handelte es sich um ein Symbol, aber das Stück Brot blieb mir wie ein knorpeliges Stück Fleisch im Hals stecken.«

Es war zu spät, dem Professor noch die Lüge aufzutischen, er wäre ein Muslim. Anbiedernd hatte er bereits in den ersten Tagen von seiner Zugehörigkeit zur arabischen katholischen Minderheit in Damaskus erzählt und Eindruck damit geschunden.

Am besten, dachte er, sage ich dem Professor, dass ich Vegetarier bin und leider bei diesem Ritual passen muss. Aber auch das war unmöglich, denn er hatte die ganze Zeit schon mit der Familie getafelt, die fast täglich Fleisch aß.

Er beschloss also, sich auf die arabische Tradition und Sitte zu berufen, die es ihm nicht erlaubte, unter welchen Umständen auch immer, die toten Angehörigen zu essen.

Doch es sollte ganz anders kommen.

Vom Friedhof ging es in ein vornehmes Lokal und man setzte sich an eine lange Tafel, aß miteinander, lachte, erzählte und trank. Nur der Syrer Josef saß still da und staunte. Bald schon, als der Wein den Leuten zu Kopf gestiegen war, wurde die Gesellschaft heiterer und die Sprüche deftiger. Auch der Professor erzählte Episoden aus seiner Kindheit mit der Mutter, die im Zweiten Weltkrieg immer Brot und Gemüse geklaut und unter das Kind im Kinderwagen gestopft hatte. Bis zum heutigen Tag, so der Professor, verspüre er augenblicklich Schmerzen im Rücken, wenn er Gemüse sehe. Die Leute brüllten vor Lachen und übertrafen sich gegenseitig mit weiteren Anekdoten.

»War das eine Beerdigung?«, fuhr Josef in seinem Bericht fort. »Oder hat die Trauer um die Mutter all die Gäste um den Verstand gebracht? Wie damals Tante

Selma, die bei der Beerdigung ihres jung verstorbenen Mannes mitbegraben werden wollte. Sie hatte sich an den Sarg geklammert und geschrien: Begrabt mich mit ihm. Er hat mein Herz mitgenommen. Vier starke Männer konnten sie nur mit Mühe von dem Sarg trennen. Und sie warf sich auf den Boden und schüttete staubige Erde auf ihr Haupt und heulte wie eine verletzte Wölfin.«

Bald schon vergaß Josef den Leichenschmaus. Er war ein fleißiger Student und stürzte sich in seine Studien. Später wurde er ein erfolgreicher Ingenieur.

Mit den Jahren entfernten wir uns voneinander. Josef zog endgültig nach Hamburg und ich blieb im Rhein-Main-Neckar-Gebiet.

Ein einziges Mal trafen wir uns noch zufällig am Bahnhof in Hamburg. Ich war nach einem Vortrag auf dem Weg zurück nach Hause. Er wollte sich eine arabische Zeitung kaufen. Er erkannte mich sofort und bestand darauf, dass ich bei ihm zu Mittag aß. Er sei stolz auf mich, obwohl er nie Romane lese. Er habe immer wieder von mir gehört.

Sein großer Bungalow in einem vornehmen Vorort war von außen vollkommen unauffällig. Sobald man aber eintrat und die Tür hinter sich schloss, geriet man in eine, wie ich es damals nannte, konzentrierte arabische Welt. Niemals habe ich in meinem Land so viel Orientalisches auf so engem Raum gesehen. Die Wände waren nicht tapeziert, sondern mit feinsten bunten Holztafeln bedeckt, die er in Marokko hatte fertigen lassen. Tische und Stühle kamen aus Ägypten, und Kissen, Tischdecken und Vorhänge waren aus feinstem Damaszener Damast. Die Lampen wiederum stammten aus einer traditionellen Glasbläserei in Aleppo. Überall hingen Kostbarkeiten aus dem Jemen, Tunesien, dem Libanon. Bogentüren und -fenster sowie schlanke Säulen aus gedrechseltem Holz verliehen dem Ganzen etwas Sakrales. Er geleitete mich in den Salon, den ein syrischer Innenarchitekt entworfen und der von syrischen Kunsthandwerkern gefertigt worden war. Josef verschwand für einen Augenblick und bald floss aus dem dezent versteckten Lautsprecher die für Syrer und Libanesen schönste Stimme der Welt: Feiruz. Dann kehrte Josef mit Kaffee zurück. Er hatte sich umgezogen und war nun ein vornehmer syrisch-saudi-arabisch-marokkanischer Bauer, mit einer Galabija aus schwarzer Seide, einem roten Schal über den Schultern und gelben Schnabelschuhen. »Wenn wir nicht in die Heimat gehen dürfen, dann holen wir sie eben zu uns.« Er servierte mir Mokka mit Kardamom, um den ihn meine Mutter beneidet hätte, die den besten Mokka in ihrer Gasse kochte. Auch das Essen duftete und schmeckte wunderbar.

»Die besseren Gewürze bekommen wir hier, nicht in Damaskus«, erklärte er, als ich seine Küche lobte.

»Ich lebe gerne hier«, sagte er ein wenig später in die Stille hinein, die sich nach der schweren Mahlzeit eingestellt hatte. »Hier habe ich alles, was ich brauche, und ich lebe wie ein wohlhabender Araber. Deutsch an mir ist die Außenmauer meines Bungalows. Weißt du, ich will arabisch leben. Als erfahrene Nomaden wussten die Araber, dass Wohlstand nur von kurzer Dauer sein kann. Sie sahen auf ihren ewigen Wanderungen Zivilisationen aufsteigen und niedergehen und deshalb entwickelten sie einen Sinn für den Augenblick. Die Deutschen arbeiten so, als würden sie ewig leben. Nein, das Leben ist kurz, leben und genießen wir es auf arabische Weise«, sagte er und lachte breit. Er war ein glücklicher Mann. Schließlich fuhr er mich zum Bahnhof zurück.

Ein Ungeheuer namens Alltag hatte mich in den Wochen nach diesem Besuch in seinem Bauch zermalmt und die kuriose Begegnung mit Josef samt Galabija und Schnabelschuhen vergessen lassen. Etwa drei Jahre später kam ein Brief aus Hamburg. Er hatte einen schwarzen Rand und ich wusste sofort Bescheid. Josef war gestorben.

Die Beerdigung, an der ich unbedingt teilnehmen wollte, war für Sonntag anberaumt. Ich machte mich auf den Weg. Die Familie der Witwe schien groß zu sein. Zudem hatte Josef durch seine unnachahmliche Gastfreundschaft und seinen mediterranen Charme viele gute Bekannte und Freunde. Und Josefs Bruder reiste mit Frau und Kindern aus Kanada an.

Sein Schwager hielt bereits in der Kirche eine schöne Rede, in der er einen Wunsch des Verstorbenen erwähnte, den dieser noch auf dem Sterbebett zu Papier gebracht hatte. Er habe als Araber gelebt und wolle als Deutscher sterben. Und er hatte sich an alle Gäste gewandt, die seiner Beerdigung beiwohnen sollten: »Liebe Versammelten, bitte versteckt Eure Gesichter nicht hinter einer Maske der Trauer. Mein sehnlichster Wunsch ist, dass Ihr feiert und lacht, gut esst und Musik hört. Das wäre die schönste Begleitung für mich auf dem Weg zu meinem Schöpfer. Denn ich weiß nicht, ob der Herr der Welten genügend Engel hat, um all die Millionen Menschen und Tiere zu begleiten, die täglich sterben.

Ich will nicht auf Arabisch sterben. Wir Araber betrauern einen Toten ja mit Weinen und lautem Schluchzen. Wir versuchen den Schmerz aus uns hinauszutreiben, der unser Herz zerreißt, nicht wahr? Und dort, wo wir scheitern, laden wir Klageweiber ein. Gegen Bezahlung sollen sie die Saiten unserer Seele so lange schlagen, bis kein Auge mehr trocken bleibt.

Diese Art zu trauern hat etwas Egoistisches, das mich anwidert. Als wolle man nicht nur selbst trauern, sondern durch sein Geschrei die ganze Welt daran beteiligen.

Nein, wir Araber wissen nicht zu sterben. Das ist wohl ein Mangel in unserer Kultur. Ich möchte lieber auf Deutsch sterben. Die Deutschen wissen oft nicht, wie man lebt, aber bestens, wie man stirbt. Die Angehörigen und Freunde des Toten feiern und holen seine Familie auf eine Weise ins Leben zurück. Sie vertreiben den Schmerz, der versucht, ihre Herzen zu erdrücken.

Feiert meinen Tod, holt meine geliebte Frau wieder ins Leben zurück, damit sie wieder so zauberhaft lächelt. Das ist Euer größtes Geschenk an mich. Tanzt, bis die Erde bebt.

Ich habe Musik für Euch zusammengestellt, arabische, deutsche und amerikanische Musik zum Zuhören und Tanzen. Auch das Menü ist mit meinem Lieblingskoch abgesprochen. Lust und Laune aber müsst Ihr mitbringen. Guten Appetit bei meinem Leichenschmaus. Es soll kein Fronleichnam werden, sondern ein froher Leichnam!«

Und es wurde ein berauschendes Fest. Mein Tischnachbar, ein uriger Bayer, lallte mir so laut ins Ohr, als wollte er es seinem bayrischen Dorf mitteilen: »Des war a schöne Leich.«

Wie sollte ich das Wort Leichenschmaus jemals wieder vergessen!

(2009)

Entspannung in Frankfurt

Die Aufnahmen für drei CDs in einem Studio bei Frankfurt hatte ich durch die ausgezeichnete Zusammenarbeit mit meinem Verleger Heinz B. in einer Rekordzeit beendet. Ich war gut vorbereitet gewesen und hatte ein genaues Drehbuch geschrieben, er hatte meisterhaft Regie geführt. Es hatte alles gestimmt, ich hatte sogar daran gedacht, den mit Kardamom gewürzten arabischen Kaffee ins Aufnahmestudio mitzunehmen, und so beendeten wir die Aufnahme viel früher als gedacht. Ich freute mich auf das Abschiedsessen und darauf, früher als geplant nach Hause zurückkehren zu können. Meiner Frau wollte ich ein Geschenk aus Frankfurt mitbringen.

Zunächst hing ich eine Weile müde im Verlag herum, las die Zeitung, schaute aus dem Fenster und gähnte. Heinz musste noch viel telefonieren. Dann beschloss ich gelangweilt, schon einmal loszugehen. Zwei Stunden später wollten wir uns wieder treffen, um gemeinsam für das Abschiedsessen einzukaufen.

»Entspann dich, du hast es verdient, und auf der Zeil findest du viele Cafés und feine Geschenkeläden.«

Er erklärte mir, welche U-Bahn ich nehmen musste, und ich machte mich auf den Weg. Es war sonnig und kalt, die Luft war herrlich, und mit jedem Schritt wich die Müdigkeit von mir und große Freude erfüllte mich. Immer zwei Stufen auf einmal nehmend sprang ich die

Treppen der nahe gelegenen U-Bahn-Station hinunter. Unten angekommen erstarrte ich jedoch augenblicklich. Ich sah, wie ein Jugendlicher einem Gleichaltrigen in den Bauch trat und auf die Treppe, das heißt auf mich, zurannte. Auf diese Weise gedemütigt nahm der andere seinen Kampfhund, einen Bullterrier, von der Leine. »Fass ihn!«, brüllte er mit ausländischem Akzent. Der flüchtende Jugendliche, auch ein Ausländer, raste an mir vorbei. Sein Gesicht blutete, seine Hose war zerrissen. Die Auseinandersetzung hatte wohl schon eine Weile gedauert. Er sprang auf die Rolltreppe, stieß die Fahrenden zur Seite, bis er ganz oben war. Dann drehte er sich um, zeigte seinem Rivalen den Stinkefinger und lachte. Ich erstarrte, denn der Hund kam wie ein Geschoss auf uns zu. Man sah seine Beine kaum, aber sein großes Maul war weit geöffnet. Doch aus irgendeinem Grund blieb der Hund unvermittelt vor der Rolltreppe stehen, bellte fürchterlich und sah sich zu seinem Besitzer um. Ich ging langsam zu den Gleisen weiter, als der Hund hechelnd an mir vorbei zu seinem lädierten Herrchen zurückkehrte.

Erinnerungen wurden wach. Zwei Mal war ich als Kind von Hunden gebissen worden, die von irgendeiner Kindermeute gequält worden waren. Ich war einfach zum falschen Zeitpunkt am Ort gewesen. Darin hatte meine ganze Schuld bestanden. Beide Male musste ich ins Krankenhaus, bekam scheußliche Spritzen gegen Tetanus, Tollwut oder weiß der Teufel was für Krankheiten.

Die U-Bahn fuhr ein und ich stieg erst dann beruhigt ein, als ich sah, dass der Jugendliche mit seiner Bestie davonzog. Vor nichts auf der Welt habe ich so viel Angst wie vor Kampfhunden. Sie sind blutrünstig und dumm.

Später auf der Zeil vergaß ich den Hund und begann mich zu entspannen. »Einen Cappuccino mit Milch, bitte«, sagte ich zu der Kellnerin im Straßencafé und bekam ihn mit sauer gewordener Sahne. Ich ließ die Tasse auf dem Tisch stehen und verließ pfeifend und ohne zu zahlen das Café der Verächter der italienischen Kultur.

Kurz darauf entdeckte ich einen edlen Geschenkeladen, in dem kuriose Flaschenöffner, Stahlbesteck und Glaskunst angeboten wurden. Ich schlenderte zwischen den Regalen umher. Plötzlich sah mir von der anderen Seite eines Regals ein grinsendes Männergesicht entgegen.

»Sind Sie nicht Rafik Schami?«

Ich bejahte. Und das war ein grober Fehler.

»Ich habe mich mit einer Bitte an Sie gewendet, und Sie haben sie abgelehnt«, raunzte der Mann.

Dazu muss ich sagen, dass jede Woche dreißig bis fünfzig Briefe in meinem Postfach liegen, darunter mindestens zwei oder drei mit den verrücktesten Ideen. Leute, die mich in irgendeinen Vorstand wählen wollen. Einmal sogar eine Bank! Ich hätte vielleicht zustimmen sollen unter der Bedingung, dass der Tresorschlüssel bei mir aufbewahrt wird, aber ich habe ziemlich humorlos abgelehnt. Andere wollen mir eine Kreuzfahrt auf einer Jacht, einen Flug nach Amerika oder nach Japan schenken, und wiederum andere wollen mich beim Geburtstag ihres Partners als Überraschungsgast präsentieren.

Eine der häufigsten Anfragen lautet vereinfacht: Wir haben Urlaub in Syrien gemacht und würden uns gerne mit Ihnen austauschen. Für diesen Fall habe ich im Computer einen kleinen Brief gespeichert. Ich lasse die

Leute wissen, dass ich nicht mit allen Syrienreisenden irgendwelche Urlaubserlebnisse vertiefen könne.

Der Mann hatte anscheinend eine solche Antwort von mir bekommen. Und nun klebte er an meinen Fersen. Ob ich denn zu viele Anfragen bekäme, ob ich in Damaskus dieses und jenes kennen würde. Ich entschuldigte mich, ich hätte es eilig, doch er blieb hartnäckig. Die Syrer seien so großzügig zu ihm gewesen, ob er nicht zusammen mit seiner Frau bei mir vorbeikommen und die Fotos mitbringen dürfe. Ich erklärte ihm, dass ich absolut kein Interesse an der Betrachtung von Urlaubsfotos hätte. Meine eigenen Italien-Urlaubsfotos fielen mir ein, die seit Wochen beim Fotografen lagen. Ich hatte sie völlig vergessen.

Ich sei wohl schon ein Deutscher geworden, erwiderte er beleidigt, denn ein Syrer würde einen Gast niemals abweisen. Hast du eine Ahnung, dachte ich und sagte ihm, er habe recht, ich sei fast zu drei Vierteln Deutscher geworden, und die Gene der Gastfreundschaft seien bereits vom Deutschtum gelähmt, was ich aber keineswegs bedauern würde.

Nichts wirkte. Meine Lüge war kurzatmig, und es fehlte ihr die sadistische Gelassenheit.

Er folgte mir bis vor den Laden. Ob ich ihn nicht besuchen wolle. Er wohne in Höchst, und mit seinem Wagen seien wir in einer halben Stunde dort. Seine Frau liebe mich und würde sich sehr über die Überraschung freuen.

Nein, erwiderte ich und erklärte ihm, dass ich schnell zu meiner und nicht zu seiner Frau fahren wolle. Ob ich ihm nicht meine Telefonnummer geben wolle, fuhr der Mann beharrlich fort, beugte sich beim Sprechen immer zu mir, als wäre ich schwerhörig, und hauchte mir seinen schlechten Atem gebührenfrei ins Gesicht. Nur um ihn loszuwerden, gab ich ihm schließlich die Nummer.

Wie erschlagen ging ich schlussendlich davon und suchte in einem anderen Laden nach einem Mitbringsel. Und tatsächlich entdeckte ich einen Blumentopf in Yves-Klein-Blau! Immerhin, dachte ich. Doch der schöne Topf hatte einen Sprung. Die anständige Verkäuferin hatte ihn an der Kasse entdeckt und im Lager nach einem zweiten Exemplar gesucht. Erfolglos. Etwas gar nicht zu finden ist weniger schlimm, als es vor Augen zu haben, aber nicht zu bekommen.

Inzwischen etwas verärgert verließ ich den Laden. Ein paar hundert Meter weiter kontrollierte die Polizei eine Gruppe nordafrikanischer Araber. Einer der Männer stand scheinbar unbedarft dabei und gab ganz offensichtlich vor, nach seinen Papieren zu suchen. Doch plötzlich raste er wie eine Rakete davon. Einer der Polizisten versuchte ihn aufzuhalten, doch bald verlor er ihn aus den Augen. Als wäre ich ein Komplize des flüchtenden Arabers, drehte ich mich um und ging langsamen Schrittes in das nahe gelegene Kaufhaus. Wie ein verzweifelter Vogel schlug mein Herz heftig gegen meinen Brustkorb. Ich hasste mich. Warum, verflucht noch mal, fühle ich mich angesprochen, wenn irgendein Uniformierter jemanden kontrolliert? Ich dachte nach und fand bald eine Antwort. Es liegt wahrscheinlich an meinen Genen, die ich von einem meiner Urururgroßväter geerbt habe. Er war ein Straßenräuber gewesen. Die Angst vor Uniformen aller Art steckt also tief in mir.

Auf der Treppe zur U-Bahn musste ich lachen, weil ich statt eines wunderschönen blauen Blumentopfes einen Korkenzieher für meine Frau gekauft hatte, den sie nie gebrauchen wird.

Zurück im Verlag erzählte ich Heinz von meinem sehr entspannenden Spaziergang. Er lachte. »Das ist eine typisch orientalische Übertreibung. Ich habe in den zwanzig Jahren, seit ich in Frankfurt wohne, nicht so viel erlebt wie du in dieser Stunde. Junge, Junge. Vielleicht warst du nicht in Frankfurt, sondern in Chicago oder Los Angeles.«

Wie verabredet gingen wir gemeinsam noch einmal los. Keine drei Schritte vom Verlagshaus entfernt spielte eine betrunkene alte Frau auf der Straße verrückt. Sie schubste die Passanten und trat nach ihnen. »Geht nach Hause! Geht nach Hause!«, brüllte sie.

»Hast du das gesehen?«, staunte der Verleger mit trockener Kehle. Wenig später passierte etwas, das ich noch nie erlebt habe. Wir hatten gerade beim Türken Gemüse und Pide gekauft und kamen aus dem Laden. Eine Frau mittleren Alters ging mit einem großen Dobermann vor uns her. Er solle seine Schritte verlangsamen, weil ich die Frau nicht überholen wolle, raunte ich Heinz zu. Der Hund sah sehr angriffslustig aus, und ich wollte ihn nicht im Rücken haben.

Zwei Läden weiter zeigte mir der Verleger ein Antiquariat. »Hier findest du wunderbare Bücher über den Orient«, sagte er und wir blieben eine Weile vor dem Schaufenster stehen. Ich entdeckte ein altes Buch über die Kreuzzüge, das ich nicht kannte. Doch wie konnte es anders sein, der Laden war zu, und so gingen wir weiter. Die Frau mit dem Dobermann kam mir wieder ins Blickfeld. Gerade band sie ihr Ungetier an einem Metallring vor dem Supermarkt fest, um hineinzugehen. Plötzlich stürzte sich der Dobermann wie vom Teufel besessen auf seine Leine und fing an, sie mit seinen scharfen Zähnen zu traktieren und daran zu zerren. Wie andere Passanten auch wechselten wir die Straßenseite. Der Dobermann wurde immer wahnsinniger und biss und zerrte, bis er sich schließlich mit einem letzten Ruck befreit hatte und in den Supermarkt raste. Das Geschrei, das folgte, kennt man sonst nur aus Horrorfilmen.

Lachend zogen wir weiter.

Vor einem Schaufenster blieb Heinz stehen. Er zeigte auf ein merkwürdiges Miniaquarium, in dem exotische Fische aus Kunststoff hin und her tänzelten.

»Das ist das beste Geschenk für Thomas. Ich bin sicher, er wird die Fische füttern.«

Thomas D. ist Professor für Germanistik in Frankfurt und schlimmer als alle Karikaturen von zerstreuten Professoren. Seine Frau hat ihm das Autofahren verboten, weil er dauernd vergaß, wo sein Wagen geparkt war. Seit drei Jahren fährt er nun Fahrrad, inzwischen sein fünftes, wie Heinz versicherte.

Der Laden war eine dieser sogenannten Fundgruben, die billigen Schrott und Kitsch aus aller Herren Länder verkaufen. Wir traten ein. Auf einer riesigen Verkaufsfläche türmten sich Kannen, Tassen und Teller aus schimmerndem Glas, Dosen aus Perlmutt, Ölgemälde von weinenden Kindern, wilden Schimmeln und Rappen und Sonnenuntergängen, Lilien aus Kunststoff, Haushaltsgeräte und billiges Werkzeug. Die Szenerie war so grotesk, dass ich sie kaum getreu wiedergeben kann. Ein Junge von ungefähr sechs Jahren rannte auf uns zu und schoss mit einem extraterrestrischen jaulenden Maschinengewehr auf uns. Wir lächelten nur, und da wurde der

Junge frech und drückte mir das Gewehr in den Hintern.

Die Frau hinter der Kasse war eine gewaltige Erscheinung: kugelrund, braune Haut und eine Haarpracht wie ein Feuerwerk aus blauschwarzen Strahlen. Sie rauchte. Neben ihr saß ein rundlicher Mann mittleren Alters auf einem Stuhl und schnarchte. Die Frau beäugte uns, trat den Mann ans Schienbein, und als er erschrocken hochfuhr, knurrte sie ihn auf Türkisch an. Leise jammernd zog er davon. »Bitte schön«, wandte sich die Frau dann an Heinz, der ihr nun zu verstehen gab, dass er an dem Aquarium interessiert sei. In dieser Sekunde trat eine junge bildhübsche Frau hinter dem Vorhang hervor. Sie trug Hose und Jacke aus schwarzem Leder. Ein Riesenbaby nuckelte an ihrem Busen. Sie rief nach dem kleinen Weltraumfahrer, und als dieser nun auch Heinz angriff, packte sie den Soldaten der finsteren Mächte an der Schulter und verabreichte ihm eine schallende Ohrfeige. Dann entfernte sie sich mit ihren beiden nun plärrenden Kindern.

Mein Blick fiel auf die Straße hinaus, und ich sah, dass der Ehemann der Ladenbesitzerin, gegen den Stamm einer gewaltigen Rosskastanie gelehnt, im Stehen schlief. Ich kam mir vor, als wäre ich nicht in Frankfurt, sondern in einem Film von Fellini. Ja, genau, die Frau könnte Fellinis ›Satyricon‹ entstiegen sein.

Noch bevor wir das Aquarium ausgehändigt bekamen, trat ein hagerer Mann in den Laden. Ohne zu grüßen beschwerte er sich über eine Wanduhr mit Pendel, die er vor sich hertrug. Die Frau beachtete ihn nicht. Er stellte die Uhr auf den Tisch vor der Kasse. »Die Uhr schlägt immer zehn Mal, egal wie spät es ist«, erklärte er. Intuitiv merkte die Verkäuferin, dass Heinz misstrauisch wurde. »Fische gut schwimmen«, sagte sie. »Uhr in Ordnung. Mann nix zählen können. Saufkopp.«

Heinz kaufte den Kitsch. Wir gingen hinaus, und als er den schlafenden Mann sah, bekam er einen solchen Lachkrampf, dass einige Passanten kopfschüttelnd stehen blieben.

»Bestimmt werden sie zu Hause erzählen, dass in Frankfurt inzwischen lauter Verrückte leben, die ohne Grund mitten auf der Straße vor Lachen weinen oder im Stehen schlafen«, sagte ich und nahm ihm, der sich kaum mehr halten konnte, die Schachtel mit dem Pseudoaquarium aus der Hand.

(2000)

Von echten und unechten Deutschen

*Oder warum sich Deutsche bei
Fußballspielen bemerkbar machen müssen*

Als mich mein arabischer Besucher, ein Chemieprofessor aus Damaskus, zum dritten Mal mit der Frage nervte, warum manche Autos mit zwei, drei oder gar vier flatternden deutschen Fahnen ausgestattet seien, und ich mit Humor und Sarkasmus nicht weiterkam, googelte ich. Und ich fand die Antwort. Sie leuchtete meinem Gast ein. Hier ist eine gewissenhafte Wiedergabe.

Die Deutschen bilden ein Volk von ca. 80 Millionen Menschen. Davon sind aber nur etwa zehn Prozent echt. (Sie werden Echtdeutsche oder kurz: E-Deutsche genannt.) Die anderen sind zwar auf dem Papier deutsch, aber Papier duldet bekanntlich alles. Kurz gesagt, die überwältigende Mehrheit von neunzig Prozent der herumschwirrenden Massen besteht aus unechten Deutschen. (Sie werden als Unechtdeutsche oder kurz: U-Deutsche bezeichnet.) Ein Blick reicht, um zu erkennen, dass Deutsche, deren Vorname Miroslav, Ali, Juri, Denis, Yasemin, Muriel, Carmela, Rachel oder gar Jennifer lautet, unecht sind. Familiennamen, die mit Al anfangen, Buchstabenfolgen wie cs, szsk, jijickl, oo, ou oder nckh aufweisen oder mit i, o, sky, ow oder son enden, haben mit Sicherheit kein Echtheitssiegel.

Auch die sogenannten typisch deutschen Namen wie Schmidt (zu siebzig Prozent aus Rumänien), Meier (zu fünfundachtzig Prozent aus Polen), Müller und Fischer (zu neunzig Prozent aus Siebenbürgen) sind eher bessere Tarnungen. Sie haften selten an E-Deutschen.

Die E-Deutschen spielen gerne Fußball. Und sie spielen sehr gut. Dafür haben sie extra Vereine gegründet, und einen Fußballkaiser haben sie auch. Am liebsten aber haben den Fußball diejenigen, die nicht spielen, sondern nur zuschauen und immer wieder »Olé, olé, olé« rufen, ohne einen Stier zu sehen. Will man Deutschland überfallen, so geht aus der Studie eines Moskauer Instituts für militärische Strategie hervor, soll man dies während eines Halbfinales tun. Die Autobahnen sind frei, und die Deutschen werden bei einem Sieg ihrer Mannschaft nicht einmal merken, dass die Russen ihr Land inzwischen besetzt haben.

Neben Fußball verbindet die E-Deutschen die Liebe zum Bier, das sie sorgfältig brauen. Sie sind sehr stolz auf ihr Hefegetränk. Und beim Biertrinken und Fußballschauen sind sie ein Herz und eine Seele, obwohl sie sich ansonsten nicht sonderlich leiden können.

Wie alle Minderheiten sind die E-Deutschen sehr tüchtig und auch mächtig. Sie stellen seit Jahrzehnten die Regierung und besetzen die höchsten Posten in Armee, Polizei und Wirtschaft. Auch andere Minderheiten zeigen derlei Fähigkeiten. In den USA und in Syrien zum Beispiel regieren Angehörige von Minderheiten.

Ein Fremder kann schnell zwischen E- und U-Deutschen unterscheiden. E-Deutsche können sich Namen schwerer merken als ihre U-Landsleute. Will einer seinem Freund einen Witz oder irgendetwas über eine Person namens Seebald erzählen, so sagt er nicht einfach: Seebald hat dieses oder jenes getan, sondern: S wie Siegfried, E wie Emil, E wie Emil, B wie Berta, A wie Anton, L wie Ludwig und D wie Dora. Siegfried, Berta, Emil, Anton, Ludwig und Dora sind bekannte Heilige und Nationalhelden. Das ist auch der Grund dafür, weshalb E-Deutsche keine Witze erzählen können, in denen Namen vorkommen. Sie mögen zudem keine Russen, da diese Namen wie Maximowitsch, Dostojewski und Schostakowitsch tragen. Manche Ausländer biedern sich den E-Deutschen an und vereinfachen ihre komplizierten Vornamen. Abdulkarim Muhammad Abdulkadir wird schlicht Abdul, Mohammad wird Mo, Riccardo wird Ric und sogar Hans-Peter wird einfach H.-P. genannt.

Bemerkenswert ist, wie die Deutschen ihre Kunst unterteilen: Sie haben E- und U-Literatur, E- und U-Musik, E- und U-Malerei, E- und U-Theater, sogar E- und U-Witze. Man könnte übertreiben und behaupten, solche Trennungen seien typisch deutsch, aber man muss fair bleiben und erwähnen, dass Burkina Faso, Nepal und Bulgarien ähnliche Unterscheidungen kennen.

Aber zurück zur Frage der Fahnen.

So wie sich Engländer zum Tennis, Amerikaner zum Schwimmen, Franzosen zum Boule, Syrer zum Nüsseknacken hingezogen fühlen, zieht Fußball E-Deutsche magisch an. Mit den Jahren lernten die E-Deutschen im Fußball zu siegen. Sie wurden wiederholt Landes-, Europa- oder sogar Weltmeister.

Das brachte Probleme mit sich, vor allem wenn die E-Deutschen die Mannschaft einer anderen Nation in den Boden stampften, als wären die Gegner Sauerkraut. Man kann sich den Unmut nach einem Spielergebnis von 8:1 (Deutschland/Türkei), 11:0 (Deutschland/Rumänien) oder 21:0 (Deutschland/Syrien) nur allzu gut vorstellen. Da waren die U-Deutschen türkischer, rumänischer oder syrischer Herkunft nicht mehr zu beruhigen, Fensterscheiben zersplitterten, glückliche binationale Ehen gingen entzwei und halbherzige Freundschaften schlugen in bittere Feindschaft um. Als aber 300 Autos von E-Deutschen in Flammen aufgingen, wurde die Regierung tätig. Zur Strafe ließ sie 30 000 Autos von U-Deutschen brutal verschrotten. Das Ausland war entsetzt. Das sei keine Strafe eines demokratisch regierten Landes, sondern eine Rache, die an Vergangenes erinnere, und beim Wort »Vergangenheit« bekommen die E-Deutschen einen ziemlich großen Gewissensbiss. Also beeilte sich die Regierung, den Betroffenen Schadenersatz zu zahlen. Immerhin sollen es 2500 Euro pro verschrottetes Auto gewesen sein. Eine Bedingung allerdings knüpfte die Regierung an das Geld: Der Entschädigte musste es für den Kauf eines neuen Autos verwenden. Deshalb machte damals das Gerücht die Runde, der geheime Plan der Regierung bestünde darin, die Straßen Deutschlands von den rostigen Wagen der U-Deutschen zu befreien und mittels Neuwagen zum Glänzen zu bringen, Arbeitsplätze in der Autoindustrie zu sichern, den Binnenhandel zu beleben und zugleich den U-Deutschen eine Lektion zu erteilen. Wie viele weitere Fliegen die Regierung mit ihrer Maßnahme schlagen wollte, blieb ihr Geheimnis.

Nur eins hat die Regierung erreicht. Nirgends auf der ganzen Welt gibt es ein Land mit so wenig alten Autos auf der Straße wie in Deutschland. Ansonsten scheiterte der geheime Plan völlig. Da das Geld nicht genügte, musste sich mancher U-Deutsche verschulden, um ein neues Auto zu kaufen. Aus Rache kauften die Entschädigten ausländische Autos, die Verschuldung lähmte den Binnenmarkt, der Gebrauchtwagenmarkt brach zusammen und die E-Deutschen waren zum ersten Mal richtig sauer auf ihre Regierung, die ihren Straftätern, statt sie ins Gefängnis zu werfen, noch Geld gab, damit sie mit ihren neuen Autos protzen konnten.

Das sind nur einige der negativen Auswirkungen dieser Strafe der Regierung, aber der Platz dafür, sie alle aufzuzählen, ist hier zu klein. Auf jeden Fall erntete die Regierung noch mehr Schimpf.

Experten stellten Überlegungen an, wie so etwas in Zukunft besser zu machen wäre, und kamen auf die Idee mit den Fahnen. Vor jedem internationalen Fußballturnier sollten die E-Deutschen auf sich, ihre Autos und ihre Häuser aufmerksam machen. Sie sollten ihre Häuser deutlich sichtbar mit großen deutschen Fahnen behängen und ihre Autos mit kleineren Exemplaren ausstatten. Sie sollten Mützen und Kleider in den Farben der Nationalflagge tragen, in schwarz-rot-gelbe Tröten blasen und sich und ihre Kinder an Wangen, Armen, Stirn und Rücken mit der deutschen Dreifarbigkeit bemalen. Aufgrund dieser Empfehlung verabschiedete das Parlament ein neues Gesetz zum Schutz der E-Deutschen. Es sieht die Höchststrafe für jede aggressive Tat gegen E-Deutsche, deren Autos, Geschäfte und

Häuser vor, die mit dem Schwarz-Rot-Gelb-Schutz versehen sind.

Seither herrscht Frieden in Deutschland, auch in Zeiten des Fußballs.

(2010)

Vaters Besuch

Eines Tages hatte mein Vater beschlossen, mich in Heidelberg zu besuchen. Es sollte sein erster Flug sein und er wollte unbedingt allein kommen. Meine Mutter erzählte später, er sei kurz vor der Abreise fürchterlich aufgeregt gewesen und habe beinahe abgesagt. Er habe sich Vorwürfe gemacht, dass er ohne sie reisen wollte. Sie erzählte, sie habe ihn in dreißig Jahren Ehe noch nie so unruhig gesehen. Er schlief schlecht, hatte Albträume, aß wenig und rauchte ununterbrochen, um sich zu beruhigen. Aber er wurde von Tag zu Tag nervöser. Aus lauter Aufregung machte er einen ungeheuren Fehler.

Araber haben ein eigenartiges Verhältnis zu vereinbarten Terminen. Das liegt vielleicht daran, dass sie mit dem Zeitbegriff nicht mehr zurechtkommen, seit man sie gezwungen hat, ihren Kalender nicht länger nach Mondjahren und islamischer Zeitrechnung zu führen. Sie kommen, wenn überhaupt, zu einem Termin immer zu spät.

Ich brauchte, bevor er kam, ein wenig Urlaub, denn es stand viel auf dem Spiel. Ich hatte meinem Vater eine Bedingung gestellt: Wenn er kommen wollte, müsste er akzeptieren, dass ich mit einer Frau unverheiratet unter einem Dach lebe. Damit hat ein Araber größere Probleme als mit den Kommunisten, denn diese heiraten in Arabien brav und halten sich vor allem an alle Normen der Gesellschaft. Und in Arabien ist ein Individualist, ein Auffälliger in der Gesellschaft von Gleichen, die Gefahr in Person.

Außerdem hatte ich ihm in einem meiner Briefe mitgeteilt, dass ich das Chemiestudium zwar zu Ende führen würde, aber dann lieber Schriftsteller werden wolle. Deshalb wahrscheinlich wollte er allein kommen.

Mein Vater war kein Heuchler. Er versprach nichts. Er würde vorbeischauen, und sollte es ihm nicht gefallen, so würde er, da er wohlhabend war, ins Hotel umziehen.

Doch hatte mein Vater das Bedürfnis, früher aufzubrechen, aus Sorge, zu spät zu kommen und einen schlechten Eindruck bei den Europäern zu hinterlassen – als ob eine Kommission das Chronometer in der Hand hielte und bei jedem Araber, der zu spät kam, Hurrarufe ausstieße. Er fragte täglich beim Flughafen in Damaskus an, bis er seinen Flug umbuchen konnte. Aber er versäumte es, und das war sein Fehler, mir Bescheid zu geben, denn er war der festen Überzeugung, dass er schon irgendwie zu meinem Haus gelangen würde. Ja, *irgendwie*.

In Frankfurt angekommen, machte er sich auf den Weg. Er fand sich tatsächlich zurecht und erreichte meine Haustür. Doch ich war verreist und die Nachbarn im Haus stellten sich dumm an, obwohl sie junge, angeblich kritische Akademiker waren, die wussten, dass mein Vater kommen würde, und die ihm unsere Wohnung hätten aufmachen können. Auch heute noch, Jahrzehnte später, kann ich das Verhalten nicht erklären. Aber peinlich war es mit Sicherheit. Der alte Mann behalf sich mit seinem Französisch, sie taten jedoch so, als verstünden sie nichts. Erschrocken von dieser abweisenden Kälte ging mein Vater in ein Hotel. Er unternahm Spaziergänge durch die Altstadt, aß beim Italiener und kam jeden Tag einmal zu meiner Wohnung, klingelte und fragte höflich, ob ich von meiner Reise zurückgekommen sei.

Den Wutanfall, den ich bei meiner Rückkehr hatte, kann ich gar nicht beschreiben. Die Gründe, die die Nachbarn vorbrachten, waren vollkommen absurd und führten zum Abbruch aller nachbarschaftlichen Beziehungen.

Ich eilte zur Hauptstraße und entdeckte meinen Vater. Er stand vor einem Antiquariat und war vertieft in ein Bild im Schaufenster. Er weinte vor Freude, mich zu sehen, denn er war überzeugt gewesen, mir wäre etwas passiert und man hielte ihn nur hin.

Nach einem opulenten Essen, einem guten Wein und einem Mokka mit Kardamom fragte ich ihn, wie er sich allein zurechtgefunden habe.

»Fantastisch, die Deutschen sind kluge Organisatoren. Habe ich dir nicht immer von ihrer Post vorgeschwärmt? Was ist die Post ohne eine gute Organisation? Ein Chaos. Auch meine Fahrt zu dir war von Tür zur Tür bestens organisiert. Welch großartige Zivilisiertheit. Bei uns hättest du dreihundert Stempel und fünf verschiedene Fahrkarten gebraucht. Die Deutschen sind klug. Eine Karte genügt. Sie wird einmal kontrolliert und alle anderen Stellen wissen Bescheid.«

Gutgläubig – immerhin war es ja der erste Flug seines Lebens – hatte mein Vater nur das Flugticket gekauft und war damit per Bahn vom Flughafen zum Frankfurter Hauptbahnhof und von dort zum Heidelberger Hauptbahnhof gefahren. Niemand hatte ihn kontrolliert. Schließlich hatte er die Straßenbahn, die zu meiner Straße fuhr, genommen und war lächelnd und die deutsche Zivilisation bewundernd bei mir angekommen. Und dabei war er die ganze Zeit schwarzgefahren.

Was sollte ich tun? Sollte ich ihn aufklären und seine Freude zerstören? Ich kannte meinen Vater. Er war ein stolzer und gläubiger Katholik. Hätte er die Wahrheit erfahren, so hätte er sich sehr geschämt. Schwieg ich darüber, so handelte ich unmoralisch, verdarb ihm aber die kleine Freude nicht. Ich entschied mich für die Unmoral.

(1992)

Warum ist ein Kaufhaus kein Basar?

Handeln und Verhandeln stellen zwar eine unabdingbare Notwendigkeit dar, dennoch verbindet der Orientale damit ein Vergnügen, das vielen Europäern heutzutage vollkommen fremd ist. Die Beteiligten bedienen sich dabei der Kunst des Schauspiels, der Rhetorik, des Kämpfens, um immer wieder aufs Neue eine Sackgasse in eine Kreuzung zu verwandeln. Als Belohnung schwebt über der ganzen Aktion der wirtschaftliche Vorteil.

Man muss sich immer vor Augen halten, dass der Prophet Muhammad zunächst Kaufmann war und Handel trieb, während Jesus pekuniären Geschäften unverbindlich (»Gebt Cäsar, was Cäsar gehört«) bis ablehnend (Peitschenhiebe für die Händler) gegenüberstand. Meine Vermutung, dass dahinter eine nachträgliche Fälschung europäischer Zensoren steckt, ist zwar berechtigt, aber sie ändert nichts an der Tatsache, dass Europäer heutzutage ein merkwürdig gestörtes Verhältnis zum Feilschen haben.

Die Muslime stehen also, was das Handeln angeht, den Juden näher als den europäischen Christen, während die orientalischen Christen in diesem Punkt mehr den Muslimen ähneln als ihren europäischen Glaubensgenossen.

Ich bin, weil ich mir einen Pullover kaufen will, schon den ganzen Morgen über gut gelaunt, während ich meinen Espresso trinke. Schließlich schlendere ich zu einem Kaufhaus, das Ware der gehobenen Qualität anbietet. Es dauert nicht lange, und ich finde einen Pullover, der mir gefällt. Zweihundertfünfzig D-Mark soll der Preis sein.

»Entschuldigen Sie, wie viel kostet dieser Pullover?«, frage ich die junge Verkäuferin.

Ein Händler in Damaskus hätte sich gefreut, denn die Frage nach dem Preis zeigt Interesse, und ein Kunde, der spricht, verspricht.

Die Frau sieht mich erstaunt an. »Da steht es doch«, sagt sie, tritt näher und zeigt auf das Etikett. »Zweihundertfünfzig.«

»Na gut«, sage ich, »ich zahle hundert.«

Das ist mehr, als die Regel vorschreibt, aber ich will die Verkäuferin nicht länger als nötig aufhalten. Normalerweise zahlt man ein Drittel, nur Touristen zahlen die Hälfte.

In Damaskus würde sich jeder Händler freuen, denn ein Drittel ist bereits fast in der Kasse, und nun bemüht man sich um die beiden anderen Drittel. Jetzt heißt es handeln. Das, was dagegen die Deutschen beim Einkaufen tun, müsste richtigerweise »glauben«, »gehorchen« oder so ähnlich heißen.

Statt froh zu sein, ist die Verkäuferin über mein Angebot entsetzt. Wahrscheinlich weil sie denkt, ich sei schwerhörig, sagte sie laut und vernehmlich: »Zwei … hundert … und … fünfzig.«

»Schon gut, schon gut, ich will nicht knauserig sein. Sagen wir hundertzehn.«

Die Verkäuferin lacht und sieht sich um. Wahrscheinlich denkt sie, es sei ein Scherz mit der versteckten Kamera. Sie zeigt wieder auf das Preisschild. »Was heißt hier hundertzehn? Es steht doch klipp und klar da: zweihundertundfünfzig und kein Pfennig weniger. Wir sind doch hier nicht im Basar!«

»Doch, Madame. Ein Kaufhaus mit fünf Stockwerken ist ein Basar, der senkrecht steht. So einfach ist das. Etikett hin, Etikett her.« Ich bemühe mich, das Wort »Etikett« so lächerlich wie möglich klingen zu lassen. »Preisetikette sind so elend und blass im Vergleich zum bunten Leben. Bei uns sagt man: Das Leben ist Nehmen und Geben, Frage und Antwort. Kommen Sie mir entgegen, so komme ich Ihnen entgegen. Schauen Sie, ich zahle, weil Sie so freundlich sind und heute wahrscheinlich noch keine guten Geschäfte gemacht haben, hundertzwanzig. Ist das ein Wort? Wenn Sie mir entgegenkommen, werde ich bestimmt Ihr Stammkunde.«

»Wohin soll ich kommen? Unser Stammkunde? Nein, es geht wirklich nicht«, sagt sie nun fast entschuldigend.

Ich denke an den Rat meiner Mutter: »Wenn ein Händler jung ist, so musst du ihn erziehen. Du gehst mit dem Angebot etwas höher, vielleicht ist die Ware es doch wert, und dabei lässt du deinem Kontrahenten immer eine Tür offen, damit er sich, ohne das Gesicht zu verlieren, zurückziehen kann. Und dann sagst du schlecht gelaunt: Das ist mein letztes Wort! Du wirst sehen, da läuten beim Händler die Alarmglocken, und er kommt dir entgegen.«

»Ich zahle hundertfünfzig. Das ist mein letztes Wort«, sage ich also fast drohend zu der Verkäuferin.

Die Frau schaut mich verwirrt an. »Ihr letztes Wort?«,

wiederholt sie erstaunt. »Sie ... können sagen, soviel Sie wollen ... oder es bleiben lassen.«

Da fällt mir der goldene Rat meines Vaters ein. »Es gibt Händler, die ziemlich schwer von Begriff sind. In diesem Fall, und wenn alles andere nichts nützt, hilft nur noch eins – und darauf kannst du Gift nehmen. Du gehst sicherheitshalber mit dem Preis etwas nach oben. Damit signalisierst du Mut und Entschlossenheit. Dann sagst du: Das ist mein letztes Angebot, sonst gehe ich zu einem anderen Händler. Und du gehst langsam davon, ohne dich umzudrehen. Das steht schon in der Bibel: Dreh dich nicht um! Sonst weiß der Händler, dass du an der Ware hängst. Nein, geh langsam davon, und du wirst sehen, der Händler wird dir nachrufen und dir mit dem Preis entgegenkommen.«

»Hören Sie, ich zahle hundertsiebzig«, sage ich forsch. »Ist das etwa nichts? Aber wenn Sie mir jetzt nicht entgegenkommen, gehe ich zu einem anderen Händler. Und bestimmt werde ich dort einen Pullover finden.«

»Gehen Sie doch. Es hält Sie niemand hier fest«, antwortet sie lapidar.

Ich schlurfe hinaus, langsamer als eine Schildkröte, und drehe mich nicht um. Aber sie ruft mir nicht nach.

(1990)

Eine Germanistin im Haus erspart den Psychiater

Ich werde oft gefragt, wo ich all die Geschichten finde, die ich erzähle. Da ein vernünftiger Goldsucher seine ergiebige Goldmine aber nicht verrät, in der er das Edelmetall seit Jahren schürft, reagiere ich auf die Frage immer mit poetischem Geschwafel, das sich zu einer undurchsichtigen Wolke verdichtet.

Heute aber werde ich es verraten, einfach so, denn ich habe mir mein Gold für die nächsten vierzig Jahre bereits gesichert.

Es sind ganz besondere Menschen, die, beladen mit Geschichten, auf mich warten. Sie melden sich per E-Mail, per Post oder auch persönlich. Ich lese alles außer Tagebüchern, höre zu und freue mich, wenn ich unter tausend Angeboten dann eine Rosine finde, die den Kern einer kleinen oder großen Geschichte ausmacht.

Und hier ist eine davon.

Die Lesung in Berlin war zu Ende und ich saß mit dem sympathischen Buchhändler und einigen Bekannten in einem kleinen Restaurant nicht weit von meinem Hotel entfernt. Die Stimmung war heiter und bald war es Mitternacht. Alle waren müde. Wir verabschiedeten uns am Eingang und stoben an diesem stürmischen Abend, als wären wir Herbstblätter, in alle Himmelsrichtungen auseinander. Ich machte mich auf den Weg zum Hotel und bemerkte den kleinen Mann nicht, der hinter mir herhastete. Später erinnerte ich mich, dass er am Nebentisch gesessen und mich immer wieder angelächelt hatte.

Als er mich kurz vor dem Hotel lautlos überholte und mir den Weg zum Eingang versperrte, erschrak ich.

»Guten Abend, Rafik Schami, bitte, schenke mir nur eine Minute«, sagte er auf Arabisch und schnappte nach Luft. »Ich weiß, du bist müde, aber ich muss dir meine Geschichte erzählen. Sie ist genauso tragisch und lustig wie die Geschichten, die du im ›Babylon‹ erzählt hast.«

Ich erholte mich schnell von meinem Schreck und hielt ihn für einen Spinner. »Dann schicken Sie mir die Geschichte via Verlag. Ich verspreche Ihnen, dass ich antworte«, sagte ich auf Deutsch.

»Ich kann nicht schreiben, jedenfalls nicht so gut, aber gib mir nur zehn Minuten und ich erzähle dir meine seltsame Geschichte.«

Dieser verfluchte Kerl, dachte ich bei mir. Er hat genau den Schwachpunkt in meiner Seele erwischt. Für eine seltsame Geschichte würde ich sogar mein Essen stehen lassen.

»Also gut, dann gehen wir in die Hotelbar«, sagte ich aus Bequemlichkeit.

Kurz darauf saßen wir an der Bar. Der Mann schien überglücklich zu sein.

»Mein Name ist Antun Sabuni, ich bin Christ wie du, aber Libanese. Ich habe meine Eltern im Bürgerkrieg verloren, und als ich später wie durch ein Wunder dem Tod entkam, wollte ich nicht mehr in Beirut bleiben. Ich wollte nach Paris, blieb aber in Berlin hängen, beendete mein Studium und fand bald Arbeit in einem Architekturbüro. Ich bin bis heute dort. Die Bezahlung ist schlecht, aber die Firma ist groß und ich bin seit zehn Jahren nicht einen einzigen Tag ohne Arbeit gewesen, und deshalb ...«

»Wann fängst du mit der versprochenen seltsamen Geschichte an«, unterbrach ich ihn auf Arabisch und versuchte den Gelangweilten zu spielen, obwohl ich es noch nicht war. Ich fürchtete mich lediglich vor zu langen Lebensläufen, die vielleicht ein Archiv für Zeitzeugen, aber keinen Menschen interessieren. Ein gebranntes Kind scheut das Feuer, sagen die Deutschen mit Recht. Wie viele Nächte hatte ich mir als Anfänger mit solchen Lebensläufen um die Ohren geschlagen, und außer dem schalen Geschmack im Mund war mir von all den Stunden am nächsten Tag nichts geblieben.

»Ich bin gerade beim Tor zu meinen seltsamen Abenteuern mit Germanistinnen angekommen, und du bist schon, anders als die Helden deiner Geschichten, ungeduldig.«

»Sobald du das Tor aufstößt, wirst du die Geduld meiner Ohren bewundern«, erwiderte ich und schämte mich ein wenig, aber ich war sehr müde.

Ich war an jenem Tag von Mainz nach Berlin gefahren und hatte bei der Ankunft im gebuchten Hotel einen unerfreulichen Streit gehabt. Man verlangte meine Kreditkarte, die über Nacht in der Rezeption als Sicherheit hinterlegt werden sollte, sonst bekäme ich das Zimmer nicht. Diese Frechheit ärgerte mich weniger als der gefühlloseste Satz der Deutschen: »Tut mir leid.« Ich beschloss, dem dämlichen Lackaffen wiederum »Leid zu tun«, aber anders, als er es meinte. Ich weigerte mich, denn das Zimmer war bereits von dem Buchhändler bezahlt worden, und ich überlasse meine Kreditkarte über Nacht niemandem außer meiner Frau. Der Mann an der Rezeption war verwirrt und stotterte, irische und schwedische (wohlbemerkt keine deutschen) Gäste hätten den Kühlschrank leer gesoffen und sich davongeschlichen. Ich empfahl dem arroganten Rezeptionisten ironisch, den Kühlschrank zu leeren, da ich das billige Gesöff in den Hotels ohnehin nicht anfasse. Er verstand nichts. Ich half ihm auf die Sprünge, indem ich ihm riet, erst einmal eine bessere Hotelschule zu besuchen und dort zu lernen, wie man Gäste begrüßt, die eine Fahrt von fünfhundert Kilometern hinter sich haben. Ich könne ihm die Adresse eines sympathischen Hotels in Freiburg geben, in dem der Gast mit einem Getränk und einem himmlischen Lächeln empfangen werde.

Er war völlig uneinsichtig und beleidigt dazu, und so verlangte ich seinen Vorgesetzten. Der Chef, der sich nur durch noch mehr Haargel von seinem Untergebenen unterschied, kam und wollte ebenfalls die Kreditkarte haben. Also rief ich den Leiter der Buchhandlung an. Entweder, sagte ich, solle er mir ein anderes Hotelzimmer besorgen oder ich würde sofort zurückfahren. Der Buchhändler war entsetzt über den Empfang, den man mir geboten hatte, und machte die beiden zur Schnecke. Nun krochen sie zu Kreuze, entschuldigten sich vielfach. Ich unterbrach sie und flüchtete auf mein Zimmer aus Angst, an so viel Schleim zu ersticken. Das Zimmer war in Ordnung, und ich bereitete meine Lesung vor, denn mehr als vierhundert Zuhörerinnen und Zuhörer erwarten eine wunderschöne Lesung. Sie können nichts für unzivilisierte Hotelmitarbeiter.

Antun räusperte sich. »Ich habe also«, fuhr er fort, »so

gut Deutsch gelernt, dass ich alle Prüfungen bestehen und auch meine Arbeit hier bewältigen konnte, denn im Baugewerbe kommt es weder auf den Dativ noch auf den Akkusativ, sondern lediglich auf das Geld an. Aber mein Schicksal ist es, dass ich immer eine besondere Anziehung auf Germanistinnen ausübe. Anfangs dachte ich, mein französisch-arabischer Akzent wäre die Ursache, aber bald stellte ich fest, dass sie auf mich flogen, noch bevor ich den Mund aufmachte. Sie warfen mir – wie sagt man auf Deutsch – einen Schlafzimmerblick zu? Oder heißt das Bettblick?«

»Bettblick gibt es nicht«, sagte ich und lachte, weil ich mir wie ein Oberlehrer vorkam. Warum sollte es keinen Bettblick geben? Das ist eine noch erotischere Variante des Schlafzimmerblicks. Statt Antun für eine Bereicherung in der deutschen Sprache dankbar zu sein, korrigierte ich ihn kleinkariert.

»Herrlich«, sagte er, »du klingst auch wie eine meiner Verflossenen. Gott sei Dank muss ich dich nicht heiraten. Aber wie dem auch sei. Manche Männer, vor allem Ausländer, hätten sich über so viel Zuneigung der Frauen gefreut. Aber genau das war mein Unglück.«

»Warum denn Unglück«, fragte ich den kleinen sympathischen Mann, der mich an Dustin Hoffman erinnerte.

»Weil ich immer wieder krank wurde. Ich hätte gleich beim ersten Mal begreifen müssen, dass es mir nicht gut tut. Doris war hübsch und ich suchte dringend eine Freundin gegen die Einsamkeit. Aber obwohl sie acht Jahre jünger war als ich, korrigierte sie mir bald jeden Satz und ich wurde immer schweigsamer. Das war noch nicht einmal so schlimm. Viel schlimmer waren die Folgen der Korrekturen. Denn mit dem Genitiv begann die Frau, auch meine Ess-, Sex-, Sport- und Schlafgewohnheiten zu korrigieren. Es dauerte nicht lange und sie wollte mir verbieten, Gäste einzuladen. Sie meckerte jedes Mal über meine Einkäufe und fand meine Kochrituale übertrieben. Sie verbot mir das Pinkeln im Stehen, das Schnarchen in der Nacht und das Schäferstündchen mit ihr unter freiem Himmel. Und für all die Sünden, die ich in der Sprache oder im Badezimmer beging, hatte sie eine psychologische Erklärung. Nichts war ohne Sinn, auch der Unsinn nicht.

Bald kam ich mir wie in einer Reha-Klinik vor, und entsprechend sah ich auch aus. Ich kaufte ihr einen weißen Kittel und verschwand. Nach zwei weiteren verunglückten Beziehungen mit Germanistinnen schwor ich, die Brüder-Grimm-Brut, wie ich sie gehässig nannte, nie wieder unter mein Dach zu lassen.

Flog eine Frau ohne Vorwarnung auf mich, blieb ich eiskalt und fragte trocken: »Germanistin?« Nickte sie bejahend, ging ich weiter. Ohne Abschied!

Sagte eine, sie sei Lektorin, Deutschlehrerin, Sozialarbeiterin, Psychologin, Philologin oder Ethnologin, so machte ich mich – mochte sie so klug wie Einstein und so schön wie eine Jasminblüte sein – leise auf die Socken oder verhielt mich unüberhörbar laut und unsympathisch.

Einmal dachte ich, ich hätte Glück. Eine Archäologin hatte sich bei unserer ersten Begegnung Hals über Kopf in mich verliebt. Es war bei der Einweihung einer großen Villa gewesen, die mein Chef für einen Arzt gebaut hatte. Ich war der Architekt, und so musste ich mit. Nina, die Archäologin, stand neben mir, und nach dem zweiten

Sekt sagte sie scherzend zu mir: »Ein Himmelreich für eine Toilette.« Sie hatte, wie ich später feststellte, eine viel zu kleine Blase. »Durch den Eingang nach rechts und die erste Tür wieder rechts. Dort ist die Gästetoilette«, sagte ich ruhig.

»Und was ist, wenn ich in einem Schlafzimmer lande?«, fragte sie etwas verwundert.

»Dann sagen Sie, der Architekt hat Alzheimer.«

Sie ging und kam erleichtert und in mich verliebt zurück. Ich wusste, dass sie Archäologin war, deshalb erwiderte ich ihre Berührung mit dem erwünschten Nachdruck.

Es folgte eine der wunderbarsten Nächte meines Lebens. Nina war so schön wie eine Wasserquelle und ich war ausgetrocknet. Sicherheitshalber deutete ich aber an, dass ich eine Menge Probleme mit meiner Männlichkeit habe. Das war noch nicht einmal gelogen, denn die letzte Germanistin hatte mich analysiert und eine tief sitzende Abhängigkeit von meiner Mutter diagnostiziert. Ich würde zu viele maskuline Gegenstände feminin machen: die Baum, die Fluss, die Weg, die Mond, die Regen und vieles mehr. Mich tröstete die Tatsache, dass dreihundert Millionen Araber das Gleiche tun, also wäre ganz Arabien eine einzige psychiatrische Anstalt unter freiem Himmel. Sie hatte bald etliche Komplexe und Hemmungsknoten, Minderwertigkeitswunden und Enttäuschungsnarben in meiner Seele gefunden. Und sie brauchte kein Sofa, auf das ich mich bequem legen konnte. Sie analysierte mich in allen Stellungen, liegend, stehend, gehend, schimpfend und autofahrend. Und jedes Hupen auf der Autobahn verwandelte sie in eine unterdrückte Homosexualität.

Mein Appetit war dahin, meine Nächte blieben schlaflos und ohne jegliche sexuelle Erregung. Eines Morgens fragte ich mich im Bad, was ich dort eigentlich noch suchte. Ich fand keine Antwort und suchte das Weite.

»Wenn du sexuelle Probleme hast«, sagte Nina in der Morgendämmerung, »dann bin ich die Tochter von Mutter Theresa und Mao.«

Nina hatte immer solche historisch-archäologischen Vergleiche auf der Zunge. Ramses, Kleopatra, Alexander und Darios waren öfter mit uns am Tisch als ihre Familie, die mich rundum ablehnte, weil sie mich für einen Taliban hielt. Ich war der erste christliche Taliban. Bei so einem Ausmaß von Rassismus darf man nicht mehr aufklären, denn es fehlt den Leuten ganz offenbar die Großhirnrinde, ohne die keine Aufklärung möglich ist.

Von da an erschien mir Nina noch attraktiver, denn trotz dieser Eltern war etwas aus ihr geworden.

Es ging genau drei Monate gut, bis zu dem Tag, an dem ich sagte: »Der Oberhaupt der Familie«, und sie erwiderte: »Das Oberhaupt.« Ich möchte nicht kleinlich sein, aber ich kann es dir, der du Araber bist, erklären. Für mich war ein Oberhaupt niemals neutral, sondern immer maskulin – mit Schnurrbart und tiefer Stimme. Das wollte ich ihr vermitteln, sie aber erwiderte nur, es habe nichts mit Männern oder Frauen zu tun, der Artikel beziehe sich auf das Wort »Haupt«. Dann lachte sie sonderbar und fügte hinzu: »Es gibt auch noch etwas anderes als Männer und die Fixierung auf deine Sippe.«

Das hatte gesessen. Es war so perfekt wie aus dem Mund einer Germanistin. Ich fragte besorgt: »Bist du ... Germanistin?« Ihre Antwort ließ das Blut in meinen Adern gefrieren: »War ich mal, aber ich fand es langweilig.« Ich war verwirrt. »Ist das deine Ernst?«, hakte ich nach, und sie sagte fast nebenbei: »Es heißt ›dein Ernst‹. Ernst wie dein Bekannter Ernst Schmidt. Denk bei dem Wort Ernst immer an deinen Bekannten. Und? Tatatata: Er ist männlich.« Ich war entsetzt. Nicht nur die Ironie in ihrer Stimme war für mich neu, nein, sie stahl mir damit auch jedweden Gebrauch des Wortes »Ernst«. Denn dieser Bekannte Ernst Schmidt hatte mich um zehntausend Euro betrogen und mich sogar bei unseren gemeinsamen Freunden schlecht gemacht, weil ich nach drei Jahren die Nerven verloren und mein Geld zurückgefordert hatte. Das ist die Dankbarkeit des Undankbaren.

Und von nun an verschwanden die Großen der Menschheitsgeschichte aus unserer Wohnung, und an ihre Stelle traten die Herren Genitiv, Akkusativ und Dativ. Bei mir erstarb alles Schöne, nicht einmal kochen konnte ich mehr. Nina fand meine Gerichte plötzlich nur noch fett und scharf. Im Bett wurde ich, wie sie sich ausdrückte, so anregend wie eine Schlaftablette. Ich bat sie, mich vor Gästen nicht zu korrigieren. Sie tat es aber immer öfter, und als sie mich eines Abends wieder korrigierte, schrie ich sie an. Zu meinem Pech waren die Besucher diesmal ihre Eltern, und keine Erklärung der Welt konnte sie nun noch vom Gegenteil überzeugen: Ich war ein Taliban.

Als sie mir aber eines Morgens im Scherz erklärte: »Das ist ein Plusquamperfekt-Fall«, machte ich sofort, im Präsens, Schluss.

Drei Jahre blieb ich ohne Frau. Inzwischen war ich mir sicher, dass ich offenbar nur Sprachliebhaberinnen anzog, die mich früher oder später psychisch fertigmachen. Ich bereitete einen Katalog von zweiundsiebzig Fragen vor, die ich gnadenlos jeder Frau stellte, die mich anlächelte. Bei der geringsten, noch so versteckten Neigung zur deutschen Sprache stand ich auf, »um Zigaretten zu holen«.

Dann aber verliebte ich mich in eine Türkin. Sie heißt Gül, Rose. Sie ist irrsinnig lebendig, liebt Gäste und mich mit allem, was ich habe. Sie korrigiert mich nie, weil sie noch viel schlechter Deutsch spricht als ich. Ich korrigiere sie nie. Ich bin doch nicht verrückt, wegen irgendeinem Dativ eine solche Perle zu verlieren. Gül hatte zwei Jahre mit einem Germanisten zusammengelebt, der an allem etwas zu korrigieren hatte, aber als er ihr dann sogar zeigen wollte, wie man besser türkisch kocht, war sie »Zigaretten holen gegangen«.

Als eine Art Racheakt beschlossen wir die Tage der Woche in maskuline und feminine aufzuteilen. Am Montag sollte alles feminin sein, am Dienstag alles maskulin, Mittwoch wieder feminin usw. Sonntags war alles neutral. Wir lachten Tränen, denn plötzlich klang Deutsch ganz exotisch. Gül ist eine Wucht, aber ...« Der Libanese unterbrach sich und schaute mich mit traurigem Gesicht an.

»Was, aber? Du hast nun eine Rose an deiner Seite«, sagte ich, um ihn aufzumuntern.

»Das schon, aber sie hat inzwischen das Abitur nachgemacht und will Germanistik studieren.«

(2010)

Schulz plant seine Entführung

*Nach manchem Gespräch mit einem Menschen
hat man das Verlangen, einen Hund zu streicheln,
einem Affen zuzunicken
und vor einem Elefanten
den Hut zu ziehen.*

Maxim Gorki

Schulz blätterte in einem dicken Katalog, den er aus dem Reisebüro mitgebracht hatte.

»Kolumbien«, sagte er zu seiner Frau, die vor einem Stapel Zeitungen und Zeitschriften saß und gerade einen Bericht über eine Entführung in Madagaskar las, die für Entführer und Geisel tödlich geendet hatte. Ein blutiges Debakel.

»Zu blutig, die Medellíner Mafia ist schnell bei der Waffe. Nein, nach Kolumbien mag ich nicht.«

Schulz stand unter Druck. Es trennten ihn nur noch drei Wochen von seinem Urlaub und er bemühte sich Abend für Abend viele Stunden darum, ein geeignetes Reiseziel zu finden. Vergeblich.

»Jetzt oder nie«, flüsterte er immer wieder vor sich hin, um sich selbst Mut zu machen. Er musste sich und der Nachbarschaft beweisen, dass man Schulz nicht so schnell abschreiben durfte, vor allem aber musste er es dem Nachbarn Heinrich heimzahlen. Er, Schulz, galt nichts mehr, seit es dieser Schuft von Heinrich auf vier Talkshows in einer Woche gebracht hatte. Schulz hatte bis dahin als der Star der kleinen pfälzischen Stadt Grumbeerheim gegolten. Er hatte bis vor drei Monaten den Rekord mit drei Fernsehauftritten in einer Woche gehalten. Und nun ging sogar der Bürgermeister mit Heinrich einen trinken. Ein Witz machte die Runde: Stadtbewohner grüßen Heinrich und fragen ihn höflich, wer der Fremde neben ihm sei, und der schmierige Bürgermeister lächelt schleimig und antwortet untertänig: Ich bin der Bürgermeister dieser Stadt, die sich glücklich schätzt, Herrn Heinrich zu ihren Bürgern zählen zu dürfen.

So weit hatte es dieses pfälzische Kaff, seinen großen Schleimproduzenten eingeschlossen, noch nie gebracht. Ein Eintrag im Guinnessbuch der Rekorde gelang Heinrich zwar nicht, dafür verbreitete er die Lüge, man habe ihm sogar eine Rolle in einem Film angeboten. Und die Schwachsinnigen von der Lokalzeitung glaubten ihm tatsächlich und fingen an, über das Naturtalent zu schreiben!

Was sollte Schulz dagegenhalten? »Schulz, gib auf!«, hatte ihn dieser Schuft angeblich im Spaß vor allen Leuten in der Kneipe aufgefordert. »Auch wenn du es auf vier Auftritte bringst, bist du ein elender Nachahmer, und fünf Mal in der Glotze, das hat nur Wolf Schwitter fertiggebracht. Aber der kann sich wie der Zauberer Houdini von dicken Fesseln befreien und dabei Arien schmettern. Kannst du singen, Schulz?« Und alle hatten vor Lachen gebrüllt.

Schulz knirschte mit den Zähnen. Er fror vor Hass. Jetzt oder nie, dachte er. Mit einer Entführung könnte er einen neuen Trumpf aus der Tasche ziehen. Über hundert Tage hatte das Fernsehen von der Entführung auf

Jolo berichtet. Fernsehrechte waren verkauft, Filme gedreht und mehr als zehn Bücher darüber verfasst worden.

»Malediven«, brummte er.

»Keine Chance auf eine Entführung. Seit fünfzehn Jahren ist null und nichts dergleichen passiert«, wandte seine Frau ein. »Hier ist die Liste.« Aber Schulz hatte keine Kraft, sich diese verfluchte Liste anzuschauen.

»Libanon«, zischte er.

»Steht ganz oben auf der Liste, aber die Hisbollah trennt die Geiseln nach Geschlechtern und schießt alle nieder, sobald sie eine Gefahr wittert. Hier steht's.« Schulz' Frau streckte ihm einen Artikel entgegen, aber Schulz wollte ihn nicht lesen.

»Kuba!«, sagte er hoffnungsvoll. Die Frau schaute auf die Liste. »Nicht aufgeführt. Seltsam. Aber warte mal. Hier, es steht unter den Ländern der Karibik.« Leise murmelnd ging sie die Liste durch und schüttelte dann den Kopf. »Nein. Kuba gilt als sehr sicher und gastfreundlich.«

»Thailand!«, fuhr Schulz fort.

»Das könnte dir so passen. Entführung in den Puff! Nein, ohne mich«, lautete die unmissverständliche Antwort.

»Dominikanische Republik!«, beeilte sich Schulz vorzuschlagen.

»Da wütet zurzeit ein Tornado!«

»Teheran?«, sagte Schulz schließlich, der Verzweiflung nahe.

»Wie? Warte mal! Das Land steht an dritter Stelle auf der Touristengefährdungsliste und die Gefahr kommt nicht von irgendeiner Terrorgruppe, sondern vom Staat selbst.« Sie las weiter und lachte.

»Was ist?«, fragte Schulz besorgt.

»Ich glaube, wir haben es. Auf nach Teheran! Dort kann man bereits wegen ein wenig Erotik im Gefängnis landen. Ein verbotenes anti-islamisches Buch reicht für einen Prozess mit garantiertem Ausgang: lebenslänglich. Das steht da.« Als sie das bekümmerte Gesicht ihres Mannes sah, fügte sie rasch hinzu: »Das ist natürlich nur pro forma, zur Abschreckung der eigenen Bevölkerung. Wir werden nach drei, vier Monaten vom Auswärtigen Amt freigekauft.«

Schulz lachte. »Heinrich, meine Rache wird bitter. Das Fernsehen wird meine Toilette öfter zeigen als deine Birne, und dann soll es der Herr Bürgermeister nur wagen, uns bei der Ankunft nach der Befreiung begrüßen oder empfangen zu wollen.«

(2000)

Der geborene Straßenkehrer

Der Türke Nazmi und seine Frau Hülya haben keine Kinder. Der Mann kam vor dreißig Jahren nach Deutschland. Nach mehreren Jahren in der Chemieindustrie und der Autofabrik wurde er Straßenkehrer am Bahnhof. Den ganzen Tag war er dort auf der Jagd nach Kippen, Schachteln, Stanniolpapier, Dosen und Flaschen, und drei Mal täglich fuhr er mit seiner Kehrmaschine herum.

Jeden Freitagabend freute sich Nazmi aufs Neue, alles hinter sich zu lassen und nach Hause zu eilen.

Um keinen Preis der Welt wollte er Überstunden machen oder schwarzarbeiten. Angebote von allen möglichen Firmen und Restaurants gab es für den tüchtigen und stets gut gelaunten Mann genug. Er lehnte sie ab.

Seine Frau arbeitete als Putzfrau in einer Tankstelle. Freitags hatte sie immer frei. Dann verwandelte sie das Wohnzimmer jedes Mal bis zum Abend in einen Palast der Farben und Düfte. Sie schmückte den Raum und ließ ihre bunten Tücher wirken, die sie die ganze Woche über in einer Holztruhe aufbewahrte. Mitten im Raum legte sie Kissen in einem Halbkreis um einen Samowar und eine Wasserpfeife.

Wenn Nazmi am Freitagabend kam, lachten die beiden verschwörerisch, und ihre Feier konnte beginnen. Nazmi legte eine Kassette mit türkischen Liedern in den Recorder ein, während seine Frau den Weihrauch abbrannte. Sie duschten sich und zogen bequeme bunte orientalische Kleider an. Von nun an nannte Nazmi seine Frau *Meine Dame* und sie ihn *Mein Herr*. Sie aßen, rauchten, tranken Tee, zogen im Scherz über Nachbarn und Chefs her und lachten bis nach Mitternacht, dann fielen sie in einen tiefen Schlaf.

Jeder Samstag fing, nachdem sie ausgeschlafen hatten, mit einem deftigen Frühstück und Musik an. Der schwarze Tee floss reichlich. Punkt zehn Uhr machte Nazmi den Kassettenrecorder aus, und beide lauschten gespannt, bis sie zum ersten Mal einen Besen schaben hörten. Da lachten sie jede Woche aufs Neue Tränen, als wäre dieses harmlose Geräusch der schönste Witz der Welt. Ihr Nachbar, Herr Müller, war das, der Samstag für Samstag die lange Strecke der Straße vor seinem Haus und Garten kehrte. Es dauerte jedes Mal ewig, bis er damit fertig wurde, denn sein Kehren war ein Ritual, das alle paar Minuten unterbrochen wurde. Herr Müller war Mitglied in vier Vereinen des Dorfes und wollte gesehen werden.

»Grüß Gott, Kollega!«, rief Nazmi jeden Samstagmorgen um Viertel nach zehn aus dem Fenster seiner Wohnung, den Turban auf dem Kopf. Seine Frau stand neben ihm und lächelte fein unter dem leichten blauen Schleier, der eher an erotische Fantasien in amerikanischen Filmen als an Frömmigkeit erinnerte.

Müllers eben noch strahlendes Gesicht verdüsterte sich beim Wort *Kollega*. Man hörte das Schaben nun deutlicher, und aus zwei, drei Autos gerufene, gehupte oder gewunkene Grüße gingen unerwidert verloren, denn Herr Müller wollte für eine Weile keine Pause mehr machen. Nazmi schloss wie jeden Samstag das Fenster und sagte zu seiner Frau: »Das sind doch die geborenen Straßenkehrer, diese Deutschen, und sie warten die ganze Woche sehnsüchtig darauf, freie Zeit zu haben, damit sie endlich ihrer Lieblingsbeschäftigung nachgehen können.«

Hülya schaute ihren Mann wie jedes Mal ungläubig an, doch er meinte es ernst.

Nazmi marschierte in seinem orientalischen Aufzug los, der so grell war, dass er an den Karneval erinnerte. Er ging bis zur Grundstücksgrenze, den Mund vor Bewunderung verzerrt, und nickte dem eifrigen Samstagskehrer zu.

»Sehr gut, Kollega, sehr gut! Ich schon wissen Bescheid. Jeden Tag Bahnhof, acht Stunden. Deutsche viiiel Schmutz werfe. Aman, Aman, Baba. Straßen hier wie Istanbul. Ich fühle Heimat. Und du? Genug zum Kehren?«

Und Müller wurde blasser und schneller. Er kehrte Nazmi den Rücken zu und wirbelte mit dem Besen so heftig auf dem Boden herum, dass Hülya nach ihrem Mann rief, er sollte sich doch aus dem Staub machen.

(1999)

Mörderische Verwandlungen

Die Fremde ist ein Zauberer, und niemand soll glauben, dass Zauberer nur Kinder unterhalten. Die Zauberhand der Fremde kann einen Löwen zur Zirkusnummer degradieren und einen Stein in ein Juwel verwandeln.

Der nun fremd gewordene Mensch fährt also Karussell, ausgiebig wie nie zuvor. Manchem wird dadurch übel, mir hat es sehr gefallen. Hier habe ich alles direkt, wie auf nackter Haut erlebt, Himmel und Hölle, keine schützende Hand der Sippe, aber auch keine Bremsklötze durch sie. Ich fühlte mich leicht und frei wie ein Vogel, was einige Dummköpfe zur falschen Annahme verführte, ich sei vogelfrei.

In solchen Augenblicken hatte ich mörderische Fantasien, aber meine Zivilisiertheit hat mich feige und meine glücklichen Erlebnisse haben mich gutmütig gemacht ...

Mein sauberer Mord

Ich fahre selten mit dem Bus. Busfahren ist lebensgefährlich. Ich wundere mich oft darüber, wie die Busfahrer mit ihren Monstern so manche Kurven nehmen, ohne die um die Ecke an der Ampel wartenden Autos zu zertrümmern. Oft war es in den engen Gassen und Straßen Heidelbergs so knapp, dass die Busse an den Hausmauern entlangschrappten, und hätte sich genau dort ein Passant befunden, so wäre nur ein Schatten von ihm übrig geblieben.

Doch manchmal lässt es sich nicht vermeiden, mit diesen Ungeheuern zu fahren. Zum Beispiel wenn mein Auto zur Inspektion muss, die die Versicherung betrügerischerweise vorschreibt. In leuchtenden Buchstaben steht es geschrieben: GARANTIE FÜR 3 JAHRE ODER 100 000 KM. Übersetzt und von jeglicher Illusion bereinigt bedeutet das jedoch, das Auto alle 10 000 km zur Werkstatt zu bringen, und das bei meiner Fahrstrecke von 4000 km im Monat! Es kostet ja nur eine Kleinigkeit – so zwischen 190 und 480 DM. Bis die drei Jahre vergangen sind, hat man fast ein neues Auto bezahlt.

Vor allem aber muss ich bei jeder Inspektion einen Tag ohne Auto überbrücken. Und ich könnte schwören, ausgerechnet an diesem Tag wollen alle etwas von mir: mein Steuerberater, mein Rechtsanwalt, meine Zahnärztin und mein leerer Kühlschrank. Dann würde ich am liebsten alle Autohändler, Zahnärzte, Rechtsanwälte und nicht zuletzt sämtliche Steuerberater umbringen.

Aber wer weiß, vielleicht wollte dieser Rentner genau an jenem Tag sterben. Es gibt Menschen, die eines Morgens aufstehen und beschließen, noch am selben Tag zu sterben. Sie suchen in aller Ruhe und unauffällig nach einem Werkzeug, um ihre Tat zu vollbringen. So auch der Rentner, dessen Werkzeug ich fast geworden wäre.

Der Bus war leer, keine Seltenheit in letzter Zeit. Das heißt, absolut leer war er gar nicht, ebendieser Rentner kauerte fast unsichtbar irgendwo ganz hinten. Ich sah ihn jedenfalls nicht. Wir fuhren also zu zweit in einem großen Bus. Ich kaufte einen Fahrschein und warf mich müde auf einen der vorderen Sitze, um meine Akten noch einmal durchzusehen. Leider nicht ganz selten merke ich erst beim Anwalt, dass noch Unterlagen fehlen, und dann bekomme ich wieder einen neuen Termin und keine Antworten auf meine brennenden Fragen.

Gerade hatte ich zufrieden festgestellt, dass ich nicht einmal meinen Rentennachweis vergessen hatte, als sich ein Schmerz in meinen Nacken bohrte, schnell und unglaublich tief. Ich wäre beinahe nach vorne gekippt, fing mich aber rechtzeitig und drehte mich um.

Da stand er mitten im leeren Bus. Bösartig und kurz vor dem Platzen. »Der Sitz ist für Schwerbehinderte!«, schimpfte er und stach mit seinem gekrümmten kalten Zeigefinger wieder nach mir. Diesmal traf er mich oberhalb der linken Brustwarze. Es schmerzte furchtbar, gewollt oder ungewollt hatte er die Narbe einer noch nicht verheilten Wunde getroffen.

»Nehmen Sie Ihren dreckigen Finger weg! Ich sitze, wo ich will!«

»Das ist verboten. Der Sitz ist für Schwerbehinderte!«, sagte er herrisch und stach – nun gewollt – genüsslich in die Wunde. Ich verlor fast die Sinne vor Schmerz und sank nach vorne.

»NUR«, kläffte er giftig und stach mich in den Hals,
»FÜR«, er stieß wieder zu,
»SCHWER-!«,
»BEHINDERTE.« Er grinste und streckte mir den Ausweis eines zu sechzig Prozent Behinderten entgegen.

»Ich bring dich um«, sagte ich, als ich sah, dass Blut aus meiner Wunde in der Brust floss und sich als roter Fleck auf meinem Hemd breitmachte.

Er stieg aus. Ich zögerte einen Moment lang, nahm dann meine Mappe vom Sitz und sprang aus dem Bus, kurz bevor die Tür sich schloss. Er drehte sich um. Sein Gesicht wurde blass, als er den großen Blutfleck links auf meiner Brust sah. Ich eilte hinter ihm her.

»Ich bringe dich um!«, drohte ich ihm noch einmal und hörte ihn schwach um Hilfe rufen. Dann verschwand er in einem Bürohaus. Ich wollte ihm im Grunde nur ein paar Ohrfeigen verpassen, damit er nie wieder mit seinen Fingern auf fremde Körper einsticht.

Ich folgte ihm in das Haus hinein, hörte seine hastenden Schritte und seinen asthmatischen Atem.

»Ich bring dich um!«, rief ich ein drittes Mal und sprang die Treppe hinauf. Plötzlich wurde es still. Er stand auf dem Treppenabsatz zum dritten Stock mit dem Rücken zu mir. Er drehte sich um, öffnete den Mund, als wollte er schreien, und sackte in sich zusammen. Mit geweiteten Augen sah er mich an und rang nach Luft. Seine Lippen liefen blau an.

In diesem Augenblick kam eine Frau aus einem der Büros und wollte die Treppe hinuntergehen.

»Was ist passiert?«, fragte sie besorgt und blickte auf den Mann.

»Ich weiß nicht, mein Freund ist plötzlich zusammengebrochen. Ich glaube, er ist erschöpft«, antwortete ich und hielt meine Mappe vor den Blutfleck auf meiner Brust.

»Ich rufe einen Arzt«, sagte sie.

»Ich habe die Ambulanz bereits angerufen. Machen Sie sich keine Sorgen. Ich bleibe so lange bei ihm«, heuchelte ich, und die Frau ging weiter. Bald waren ihre Schritte im Treppenhaus verhallt. Ich setzte mich auf die Stufen und wartete, bis seine Arme leblos zur Seite fielen. Ich prüfte den Puls. Erst dann eilte ich hinaus. Sauberer kann kein Mord verübt werden.

Man kann es kaum glauben, dieser perfekte Mordplan vollzog sich in meinem Kopf innerhalb von Sekunden.

Mit einem Kopfschütteln rief ich mich in die Gegenwart zurück und sah dem zu sechzig Prozent Behinderten, der mich beleidigt hatte, nach, wie er in ein Bürohaus humpelte. Mein Hals schmerzte. Plötzlich erinnerte ich mich an meinen einsamen Physiklehrer Anton, der in Damaskus verrückt geworden war. Er hatte sich einen Tag nach seiner Pensionierung in seiner Wohnung eingeschlossen und war bis zu seinem Tod sein eigener Gefangener geblieben. In der Schule erzählte man halb belustigt, halb verwundert, er habe sich selbst zu lebenslanger Haft für die elf Morde verurteilt, die er hätte begehen müssen, aus Feigheit aber nicht begangen hatte. Nur der Pförtner der Schule durfte ihm Essen und Zigaretten vom nahe gelegenen Lebensmittelgeschäft bringen. Er war auch der Einzige, der am Verstand des Lehrers nicht zweifelte. Man erzählte aber auch, dass der Lehrer den Pförtner nach und nach in seinen Wahn hineinzog. Und ob man es glaubt oder nicht, führte der Pförtner alle elf Morde so perfekt aus, dass die Polizei bis heute im Dunkeln tappt. Aber das ist eine andere Geschichte.

(1999)

Eine Leiche zu viel

Diese Geschichte könnte nicht erzählt werden, wenn Barbara S. beim Auszug aus dem Haus neben all ihren Besitztümern auch die Stereoanlage an den Trödler verkauft hätte. Aber sie hing irgendwie an dieser Anlage, die sie als Studentin erstanden hatte, und ließ sie in dem Wandschrank hinter der Sitzgruppe, dort, wo sie immer gestanden hatte, zurück. Dass diese, als Barbara S. gemeinsam mit Hauptkommissar Birkl nach ihrer Rückkehr aus Zypern das Haus wieder betrat, angeschaltet war, fiel ihr nicht auf. Eine Woche später erst, als sie noch ein paar letzte Dinge einpacken wollte, entdeckte sie in der Anlage eine Kassette, die sie am nächsten Morgen, ihre Müdigkeit mit Schminke und Sonnenbrille tarnend, dem Hauptkommissar überreichte.

»Ich habe sie gestern Nacht beim Packen entdeckt. Sie werden nicht glauben, was darauf zu hören ist, und doch werden Sie genau wie ich alles verstehen und sich wundern, wozu die Menschen fähig sind. Natürlich stehe ich für weitere Fragen zur Verfügung. Sie haben ja meine Handynummer«, sagte Barbara S. beim Abschied. Sie hatte es eilig. Um 15 Uhr sollte sie am Frankfurter Flughafen sein. Sie hatte einen Flug zurück nach Zypern gebucht. Dort würde ihr Freund Bastian K. sie im Hafen von Larnaka auf seiner Jacht erwarten.

»Sie sehen zu viele Krimis, Madame«, lächelte Birkle müde, »ein Kommissar, der sich nach dreißig Jahren im Beruf noch über Menschen wundert, hat seine Jahre bei der Polizei verschlafen.«

Er begleitete seine Besucherin aus Höflichkeit bis zur Tür, und wieder fiel ihm der Orchideenduft auf, doch diesmal fragte er nicht nach dem Parfüm, dessen Namen er sowieso nicht würde behalten können. Er wartete etwas gedankenverloren, bis sie in das Taxi eingestiegen war, winkte ein letztes Mal und ging in sein Büro zurück. Kommissar Birkle musste lachen, als er die Kassette in den Recorder schob. Er war in der Tat gespannt auf jede Information, die ihn bei der Aufklärung des mysteriösen Todesfalles in der Gartenstraße 3 auch nur einen winzigen Schritt voranbrachte. Drei Handwerker und der Hausbesitzer waren in der Nacht vom 12. auf den 13. November fast zeitgleich verstorben. Die Leichen waren am nächsten Morgen von der Putzfrau entdeckt worden. Todesursache bei allen vier Männern: Herzversagen. »Wahrscheinlich habe ich doch die Zeit verschlafen«, murmelte Kommissar Birkle und drückte auf »Play«.

(Geräusche, schlechte Aufnahme von Joe Cockers »Look what you've done«. Abrupter Schnitt ... Stille.)
Meine Herren, ich habe Sie eingeladen, um mit Ihnen zu feiern. Bei einem neuen Haus feiert man in Deutschland, wie nennt man das, Hinrich ..., nein, Richtfest. Aber wie nennt man die Feier am Ende einer Renovierung? Dafür gibt es kein Wort. Die Deutschen sind vernünftig, sie erfinden keine Worte für etwas, das

es noch nicht gibt. Wer feiert denn eine Renovierung? Die Araber zermartern sich gern jahrhundertelang das Hirn, um sieben verschiedene Bezeichnungen für die Phasen der Morgendämmerung zu erfinden. Die Deutschen wissen, eine Renovierung feiert man nicht, weil man vor Abschluss der Arbeiten selbst eine Ruine ist und am Ende eher an Mord und Totschlag als an Feste denkt. Aber Gott sei Dank haben Sie bei einem Iraker und nicht bei einem Deutschen gearbeitet. Als ich noch ein Kind war, hat man in Bagdad, meiner Heimatstadt, jede Gelegenheit ergriffen, um zu feiern. Mein Vater hat manchmal einen Nachbarn eingeladen, einfach so zum Essen, nur weil der ihm kurz die Leiter gehalten hatte, während mein alter Herr etwas an der Fassade reparierte. Und ich wurde den Verdacht nie los, dass mein Vater die überflüssige Reparatur nur als Vorwand nahm, um den Nachbarn einzuladen.

Sie haben hier mehr als die Fassade repariert, deshalb habe ich Sie zu dieser kleinen Feier gebeten. Ich hoffe, das Essen hat Ihnen geschmeckt. (Zustimmendes Murmeln.) Heute möchte ich Sie ausbezahlen. Die Umschläge mit Ihren Namen liegen, wie Sie sehen, bereits vor Ihnen auf dem Tisch. In den Umschlägen befinden sich jeweils die Rechnung und das Geld. Die Summe stimmt, und das Geld ist echt. (Lachen und unverständliches Gemurmel.) Zum Abschied will ich Ihnen auch eine Überraschung überreichen. Trinken wir auf das Haus, das nun endgültig fertig ist. Stoßen wir darauf an, meine Herren, dass dieses monumentale Werk, genannt Renovierung, vollendet wurde. Wer hätte gedacht, dass die Arbeit elf statt der geplanten vier Monate dauern würde. In dieser Zeit kam es nicht bloß zu radikalen Veränderungen am Bau, sondern auch in meinem Leben, und da Sie alle drei von Anfang an beteiligt waren, möchte ich Ihnen vor dem Abschied das Ganze einmal aus meiner Sicht erzählen, ehe Sie Ihr verdientes Geschenk entgegennehmen. Zunächst aber will ich nach dieser üppigen Mahlzeit hier am Kamin ein Gläschen trinken und Ihre amüsanten Taten zur Erheiterung noch einmal Revue passieren lassen. Handwerker vergessen leider wie Kinder ihre Untaten sehr schnell. Viel Zeit ist mir nicht gegeben (lautes Donnergeräusch) ... eine Stunde höchstens, deshalb will ich mich kurz fassen, obwohl sich, wenn man wollte, ein ganzer Roman über die Renovierung dieses Hauses schreiben ließe, ein Kriminalroman! (Geflüster, gefolgt von lautem Lachen.) Ja, Herr Galle, lachen Sie nur.

Wie dem auch sei, ich habe mich für die Kürze meiner Worte und die Länge der Wirkung meiner Tat entschieden. Draußen kracht der Himmel auseinander, und es regnet Bindfäden, was läge näher bei diesem scheußlichen Wetter, als nach dem Essen einen Drink am Kamin zu nehmen.

Doch der Kamin funktioniert leider nicht. Als ich vor mehr als einem Jahr die alte Witwe Krause besuchte, um mit ihr den Kauf des Hauses unter Dach und Fach zu bringen, war das hier ein düsteres Wohnzimmer, der Kamin war rußig und rauchig, aber ein herrliches Feuer ließ das Brennholz knistern. Es war Winter, und es roch nach Holz und Harz. Nun sieht der Kamin wunderschön aus, schneeweißer Marmor und teure Messingbeschläge, doch er zieht nicht. Stoßen wir trotzdem noch einmal mit dem Feuerwasser an, das immer brennt. Beginnen wir mit der Vorgeschichte. Ich, Jusuf Alginabi, von Beruf freier Künstler, wollte nie im Leben ein Haus kaufen. Ich bin von der Abstammung her Beduine, und nichts auf der Welt hasst ein Nomade so sehr wie einen festen Wohnsitz. Ich war seit meiner Geburt ein Wanderer, dessen Haus die Zeit ist, doch wie vom Teufel geritten und von der Weisheit meiner Urahnen verlassen, wurde ich vor zwei Jahren von einer Krankheit heimgesucht, und diese hieß »Steuern sparen«. Auch meine Frau Barbara wollte nach all den Umzügen endlich sesshaft werden. Wir hatten zu meinem großen Vergnügen in zehn Jahren Ehe in acht Städten gelebt, darunter in Amsterdam, Paris, Hamburg und München. Nichts auf der Welt hat meiner Frau gefehlt (Donner in der Ferne und starker, vom Wind gepeitschter Regen), aber sie wollte ein eigenes Haus, und jede Nacht lag sie mir in den Ohren. (Geflüster und unterdrücktes Lachen.) Ja, Herr Kolb, auch dann sprach sie vom Haus, und bald erlag ich ihrer Verführung. Mein deutscher Pass hat mich anfällig gemacht. Ich lebe seit dreißig Jahren in Deutschland und besitze seit acht Jahren die deutsche Staatsangehörigkeit. Die Deutschen sind sesshaft, und nun wurde ich Deutscher und genau wie sie ansässig. Das kommt bestimmt vom Pass.

Monate der Suche vergingen, ohne dass ich für uns ein gutes Grundstück beziehungsweise ein preiswertes Haus finden konnte, das wir dann nach unserem Geschmack hätten renovieren können. Sobald die Makler hörten, ich sei Araber mit viel Geld, dachten sie, ich wäre ein Ölscheich, und boten mir Schlösser und Traumvillen an. Ich lernte durch die Makler allmählich, wie man ein Haus prüft, wie man es einschätzt. Und dann las ich in einer privaten Anzeige: »Haus für Liebhaber« und eilte hierher. Das Fachwerkhaus war, wie Sie gesehen haben, völlig verfallen. Nur der Garten war herrlich. Wirklich, Frau Krause hatte aus ihrem großen Garten ein Paradies gemacht. Meine Frau verliebte sich in das Haus, aber vor allem in den Garten mit seinen Rabatten, den lauschigen Nischen, den Kletterrosen und Obstbäumen. Meine arabischen Freunde lachten mich aus, als ich ihnen sagte, ein Architekt habe die Renovierung in die Hand genommen, damit ich mich weiter meiner Malerei widmen könne. Heute muss ich leider zugeben, sie lachten zu Recht. Jeder Depp mit ein bisschen Geschmack hätte die Renovierung besser planen und durchführen können als dieser Architekt. Ich warf ihn nach drei Monaten raus. Gerichtlich setzte er ein Ausfallhonorar von dreißigtausend Mark durch. Der Richter gab zu, der Architekt sei in der Tat unfähig, aber ich hätte kein Recht, den Vertrag zu kündigen. Ich zahlte und übernahm die Bauleitung selbst. An diesem Tag habe ich aufgehört, Bilder zu malen. Das ist nun acht Monate her, und ich habe mich seit über zweihundertfünfzig Nächten nur noch mit Stahlmatten, Betonmischern, Silikon, FI-Sicherung, Heizkörpern, Nut und Feder beschäftigt. Kein künstlerisches Bild, keine Skizze entstand in meinem Kopf. Meine Seele wurde zu einer Wüste ohne Oasen. Ich, der ich an meinem Hochzeitstag, ja sogar am Todestag meines Vaters noch gemalt habe, komme seit acht Monaten nicht einmal mehr in die Nähe der Staffelei. Aber ich habe unter Ihrer Mitwirkung etwas auf dieser Baustelle gelernt, das wichtiger für mich ist als die Malerei. Sie haben Humor bewiesen. In all den Monaten sank Ihre Laune keine Sekunde. (Gelächter und laute Rufe.) Ja, das muss man Ihnen lassen.

Ich fange mit Herrn Kolb an, denn die Arbeit begann bei ihm so, wie sie endete: mit einem Scherz. Nicht wahr, Herr Kolb? Ja, lachen Sie nur. Mein Gott, was ich mir eingebildet habe, weil seine Mutter Jugoslawin ist. Ich dachte, so ein Halbausländer würde mich allein deshalb nicht betrügen, weil er an seine Mutter denken müsse, die einst als Ausländerin hierherkam. Das dachte ich, bis ich erfuhr, dass Kolb seine Mutter hasste. Aber da waren auf der großen Terrasse die Stahlmatten bereits unter Beton. Wir mussten nach dem Guss alles Zentimeter für Zentimeter mit dem Presslufthammer aufschlagen, damit wir Wasserleitungen verlegen und den Anschluss an die Kanalisation wiederfinden konnten, der darunter begraben worden war. Das sei im Vergleich zu den Dingen, die Kolb auf anderen Baustellen gedreht habe, noch gar nichts, vertraute mir einer seiner Bekannten an. Er habe schon Treppen drei Mal falsch gegossen, und einmal habe er sogar die Stahlmatten vergessen. Erst Wochen später entdeckte sie der Bauingenieur im Keller der Baustelle. (Lachen und geräuschvolle Bewegungen von Gläsern und Flaschen.) Aber auch sein letzter Scherz hier war nicht ohne. (Jemand ruft: »Jetzt erzählt er vom Schotter!«) Vor einer Woche war die Arbeit des Herrn Kolb beendet. Ich legte mit meiner Putzfrau los. Wir befreiten den ganzen Parkplatz vom Dreck. Wir schrubbten und ätzten mit Säure alle Zementreste weg. Nach zwei Stunden waren wir zwar beide erschöpft, aber der Platz vor dem Haus blitzte vor Sauberkeit. Meine Putzfrau ging heim, ich zog mich in die Küche zurück, öffnete ein kaltes Bier und nahm einen kräftigen Schluck. Da vernahm ich ein mir besonders vertrautes Geräusch. Es ließ mir das Blut in den Adern gefrieren: schschschschscht. Dann rüttelte der Fahrer seinen Anhänger, und ich hörte, wie die letzten Steine herunterrasselten. Ich wusste, was für Schotter das war und welche Korngröße er hatte. Jede Materie verursacht beim Rutschen ihr spezielles Geräusch, Mutterboden rutscht anders als Estrich und der wieder anders als feiner gelber Sand und Kieselsteine. Ich eilte hinaus. Nicht zu glauben, ein Berg von zwanzig Kubikmetern Schotter und ein Fahrer, der höchstens fünf Wörter Pfälzisch redete, aber kein Wort Deutsch verstand. Das sei bestellt und er könne nix dafür. Ich solle unterschreiben, dass die Ladung angekommen sei, er habe es eilig. Die Frau vom Baumarkt war auch verwundert, weil sie seit elf Monaten den schildkrötenhaften Fortgang der Dinge auf meiner Baustelle verfolgte und allmählich Mitleid mit mir hatte. Im Baumarkt können einem die Angestellten anhand der Bestellungen genauestens sagen, in welcher Phase sich der Bau befindet, deshalb war die Frau erstaunt, dass nach Farben und Lichtschaltern plötzlich wieder grober Schotter in riesigen Mengen bestellt wurde. Kurz darauf klärte man mich auf: Ein Herr Kolb hatte den Schotter bestellt. »War nur ein Scherz, wir sind auf dem Weg, ihn zu beseitigen«, sagte Herr Kolb mir am Telefon, und plötzlich erschien er mit fünf Männern, zwei Lastern und einem Bulldozer. Sie schafften den ganzen Schotter in zwei Stunden zum Baumarkt zurück. Die Kosten für fünf Männer, zwei Lastwagen und einen Bulldozer der teuersten Art gingen zu Lasten eines anderen armen Teufels, und Herr Kolb lachte damals so laut wie jetzt. Ich aber frage mich heute, wie oft ich für solche Scherze aufgekommen war. Doch die spaßige Seite des Herrn Kolb ist das eine, seine ernste Seite das andere. Ich frage mich, ob Sie nicht den falschen Beruf ergriffen haben, denn mit Ytong-Steinen kann heutzutage jedes Kind bauen. Sie aber nahmen jeden Stein mit Widerwillen in die Hand. Was waren Sie früher? Parfümhersteller? Goldschmied? (Eine Stimme lachend: »Fauler Sack!«) Nein, Sie sind doch seit Ihrem fünfzehnten Lebensjahr Maurer und Fliesenleger, und seit diesen frühen Anfängen – Sie sind heute über fünfzig – machen Sie Ihre Arbeit schlecht. Es gibt keinen Stein, keine Fliese, die richtig sitzt. Sie haben Ihre Mitarbeiter verflucht, die teuren Fliesen herausgebrochen und Stunden aufgeschrieben. Und so ging es immer weiter. Seitdem ich das Buch »Pfusch am Bau« gekauft und nächtelang studiert hatte, kannte ich das grausame Ausmaß Ihrer Schlamperei genau. Doch das hat Sie niemals beeindruckt. Wäre das Ihre einzige Schwäche, so hätte ich sie geschluckt. Aber zu spät erst ging mir auf, dass Sie nicht nur selbst nicht arbeiteten, sondern auch alle anderen Handwerker von der Arbeit abhielten. Ich habe es, wie gesagt, nicht gemerkt, weil ich mich schäme, Erwachsene zu kontrollieren. Meine Frau berichtete mir, dass Sie, sobald ich mich umgedreht hatte, alle Handwerker um sich scharten und ihnen zum zehnten Mal Ihre Witze erzählten. Sobald ich wieder auftauchte, fingen Sie an, Rohre zu untersuchen und die Fensterstürze zu begutachten.

Oft haben wir, meine Frau und ich, Sie reingelegt: Wir verabschiedeten uns, fuhren aber nur eine Straße weiter, parkten den Wagen dort und schlichen bis zu dem Holunderbusch hinter unserem Garten. Wir konnten Sie beobachten, solange wir wollten, und Ihre Witze hören, vor allem den mit dem Chinesen und der Hure. Manchmal wollte ich gehen, da sagte meine Frau: »Nein, warte, er hat den mit dem Chinesen noch nicht erzählt.« Und alle auf dem Bau standen da, als warteten sie auf ihn. Und wenn ich dann zurückkam, fuchtelten Sie schnell mit der Wasserwaage: »Das Gefälle muss stimmen, sonst fließt das Wasser nicht bis zum Abfluss.« Sie haben mich mit dieser Wasserwaage noch wütender gemacht als mit dem Witz über den Chinesen. Und was stelle ich jetzt fest? Das Wasser hat aus unerfindlichen Gründen eine tiefe Abneigung gegen Abfluss und Kanalisation. Es klammert sich an die Wände und liegt flach zu ihren Füßen. Und dann elf Monate das gleiche Spiel, den ganzen Tag löffelweise Estrich herstellen und kurz vor fünf den Betonmischer randvoll machen, um zum Feierabend eine graue Pyramide in den Garten zu stellen. Als wir protestierten, zerschlugen Sie sie und versauten die ganze Wiese mit Zementstaub und Betonsplittern. Einen ganzen Lastwagen voller Betonbruchstücke ließen wir zur Müllhalde fahren. Jetzt aber können Sie sich zurücklehnen, Ihren Schnaps genießen und mit mir über die Untaten der andern lachen, denn all Ihre Untaten sind nichts im Vergleich zu denen des Herrn Klein. Wenn Beton, Holz und Stein das Knochengerüst eines Hauses sind, dann sind Stromleitungen und Sanitäranlagen das Nervensystem.

Klein versteht sich in puncto Nerven nur auf das Zersägen. Schau ich das Haus an, in dem einst Frau Krause mit ihrer Familie jahrzehntelang ohne FI-Sicherung und mit wackligen Steckdosen lebte, aber immerhin Strom für ihre vorsintflutlichen Elektrogeräte hatte, so bekomme ich weiche Knie vor all den brandneuen tickenden, rot und grün blinkenden Elektroanlagen im Keller. Als wäre mein Haus die Filiale eines Atomreaktors. Frau

Krause lebte in diesem Haus vierzig Jahre ohne einen einzigen Kurzschluss. Sie lachte, als ich daran zweifelte. Wie sollte sie sicher sein, dass es in all den Jahrzehnten und bei all diesen nach mittelalterlichen Folterinstrumenten aussehenden Küchengeräten keinen einzigen Kurzschluss gegeben hatte? Ihre Begründung war einfach: »Weil ich nicht weiß, wie man eine Sicherung wechselt, und diese Sicherung hier hat mein Mann vor vierzig Jahren eingebaut, zwei Tage vor seinem tödlichen Unfall auf der Baustelle.« Ihr Mann war Elektromeister. Aber einer von denen, die den Begriff »deutsche Wertarbeit« mitgeprägt haben. Vor vier Tagen nun begutachtete ein Freund von mir, ein Elektroingenieur, Ihre Elektroinstallationen und schüttelte bloß den Kopf. »Das ist Pfusch. Das kann man alles rauswerfen.« Und er tat es und zeigte mir, dass nur das Uhrwerk und die Lämpchen angeschlossen waren. »Eine teure Blinkanlage«, sagte er, weil jeder dieser Monsterkasten rund dreihundert Mark kostet. Und warum haben Sie sie installiert, Herr Klein? Haben Sie in mir einen Feind gesehen? Sie trinken gern Espresso, sagten Sie zu Beginn Ihrer Arbeit, und bekamen ihn täglich serviert, wie es unsere Sitte vorschreibt. Warum mussten Sie mir solche Blinker andrehen? Ich möchte hier gar nicht viel über die unsinnigen Lichtschalter und Steckdosen sprechen, die Sie in den fünf Zimmern angebracht haben. Das ist nicht der Rede wert, aber die Heizung? Haben Sie nicht gesagt, Sie sind Fachmann? Musste der Heizkessel so groß sein, als wäre meine Hütte ein Hochhaus? Nur weil Sie mehr Prozente von Ihrem Lieferanten bekommen? Sie haben mir im Keller keine Heizzentrale, sondern ein Monster montiert, das den Keller ganz allein für sich in Anspruch nimmt. Als ich vor kurzem das Haus zum Verkauf anbot, schrieb ich in der Anzeige »voll unterkellert«, was ja auch stimmt. Es meldeten sich nur zwei Interessenten. Der erste war ein Lehrer, und er verlor schnell sein Interesse, als er sah, wie falsch alles renoviert war. Der zweite war ein Arzt aus Darmstadt. Das Haus gefiel ihm, doch wie enttäuscht war er, als er in den Keller hinunterging. Er sei Weinliebhaber, und in einem Haus ohne Keller könne er nicht wohnen. Als ich ihm kleinlaut entgegnete, dass doch wenigstens etwas Kellerraum vorhanden sei, antwortete er abfällig: »Sie haben keinen Keller, sondern einen Abstellplatz für ein Brennmonster.« Das war's. Er fragte nicht mal, wie viel das Haus kosten solle. Erst nach und nach erfuhr ich, dass Sie nicht nur mir oder Ihrer Mutter, sondern auch sich selbst Schrottgeräte im Haus installierten, Hauptsache, es sprang etwas für Sie dabei raus. Von Ihrem Nachbarn Norbert Schildknecht erfuhr ich, dass Sie in der Nachbarschaft nicht Herr Klein, sondern Herr Prozent genannt werden. Wären Sie doch zu mir gekommen und hätten gesagt: »Herr Alginabi, Sie sind Araber, und ein Araber betrachtet Handel nicht als üble Sünde, sondern als Kunst. Also geben Sie mir zusätzlich dreihundert für den Heizer, sechshundert für die Heizkörper und vierhundert für die Sicherungen, macht insgesamt einen Tausender, ich besorge Ihnen dafür die schönsten Heizkörper, den effektivsten Heizkessel und die vernünftigsten Sicherungen, unabhängig vom Markennamen.« Klein, Sie könnten sicher sein, ich hätte zu dem Tausender noch zweihundert für Ihre Offenheit hingeblättert – aber so! Und dann der Skandal. Ja, Sie wissen schon, dass ich immer wieder darauf zu sprechen kommen muss. Erst am Ende entdeckten wir, dass Badewanne und Dusche kein warmes Wasser bekamen. Da wir beim besten Willen nicht noch mal das ganze Haus aufschlitzen wollten, kamen Sie auf die geniale Idee, dieses runde Fass, genannt Durchlauferhitzer, aufzustellen. Aber wie kommt es, dass man bei der Planung von Heizung und Wasserleitung Dusche und Badewanne vergisst? Dachten Sie vielleicht, Araber baden in Öl? (Gelächter.) Ja, lachen Sie ruhig. Dieser Kessel erinnert mich an meine Kindheit, als wir in der Küche gebadet haben. Doch irgendwie waren dort die Kessel harmlos. Sie wurden mit Holz geheizt. Hier aber verlässt mich das Gefühl nicht, dass in dem von Ihnen installierten Kessel tatsächlich Elektrizität am Werk ist, dass also das Wasser, das meinen Körper umrieselt, nicht nur mit elektromagnetischen Wellen verseucht ist, sondern womöglich mit undichten Stellen in Kontakt kommen und kurzen Prozess mit mir machen wird. Aber wenn ich Ihnen sage, ich weiß genau, dass Sie einen Teil der Schuld daran tragen, dass meine Frau mich verließ, sollten Sie nicht leichtfertig lachen. Ob Sie bewusst oder unbewusst dazu beigetragen haben, interessiert nur Psychologen. Ich weiß bloß, dass diese Baustelle die Achillesferse unserer Ehe war. Meine Frau ertrug die Baustelle nicht mehr, und sie erkrankte beim Anblick der Ruine ihres Traums. Was lag näher, als ein für alle Mal auf das Haus zu verzichten? Heute verbringt sie ihre Zeit auf einer Jacht. Aber bleiben wir noch ein wenig bei Herrn Klein.

Er wusste natürlich nicht, dass meine Frau, die weder vor Mäusen noch vor Spinnen oder Hunden erschrickt, fürchterliche Angst vor Metallsplittern hat. Sie verletzte sich als zehnjähriges Kind an einem scharfen Eisenstück und wäre damals fast verblutet. Wir hatten Ihnen gleich am zweiten Tag davon erzählt, und wie haben Sie reagiert? Sie verstanden es als spießige Laune Ihres Auftraggebers und verstreuten Metallsplitter in der Erde, die später unser Gemüsegarten werden sollte. Es waren rasiermesserscharfe Stücke. Meine Frau bekam Zustände, und ich sammelte die Splitter mit der Geduld eines Kamels jeden Abend auf. Ich ermahnte Sie jeden zweiten Morgen, besser aufzupassen. Aber einmal stieß meine Frau im Rosenbeet, während sie Unkraut jätete, auf ein spitzes Stück Rohr. Sie warf entsetzt die Hacke aus der Hand. Nie wieder wollte sie im Rosenbeet die Erde anfassen. Das Teil stammte mit Sicherheit von Ihnen. Ich fragte Sie eine halbe Stunde später: »Was sucht das Rohr zehn Meter entfernt vom Haus und noch dazu zehn Zentimeter tief in der Erde?« Erinnern Sie sich? Sie lachten und antworteten: »Jawohl!« Bin ich hier eigentlich der Ausländer, oder Sie? Auf die Wie-, Wo-, Was-Fragen antwortet man nie mit »Jawohl«. Auch als an einem frühen Morgen Ihr Tarzan meine Frau im Keller erschreckte, riefen Sie auf meine Frage nach dem Grund: »Jawohl!« (Jemand fragt: »Was war das mit Tarzan?«) Meine Frau brauchte Zucker. Sie ging in den Keller, dort hatten wir einen kleinen Wandschrank zu einer Speisekammer umgebaut. Meine Frau kam ohne Zucker, aber blass in die Küche zurück, brach auf dem Stuhl zusammen und flüsterte: »Tarzan.« Mehr war von ihr nicht zu erfahren. Ich eilte in den Keller, und da sah ich Ihren türkischen Arbeiter, der – immerhin noch notdürftig mit zerrissenen Boxershorts bekleidet – an einem Rohr in der Decke hing. Die Füße baumelten in der Luft, er hangelte sich wie ein Affe zur nächsten Querverbindung, die sich weigerte, aus der Wand zu kommen. So etwas habe ich noch nie gesehen. Wozu hat man Leiter, Rohrzangen, Schlüssel und Sägen, Flex- und Bohrmaschinen erfunden? Ich schrie Ihren Tarzan an, er solle aufhören und lieber seine Hoden in eine anständige Hose packen. »Rohr nix aus Wand«, sagte er und stemmte sich gegen sie. Da plötzlich brach das Rohr mitsamt der halben Mauer und ihm herunter. Ich brüllte Sie an und drohte, Sie rauszuschmeißen, wenn Ihre Mitarbeiter weiterhin Tarzanübungen vorführen und Sie noch einen einzigen Metallsplitter in den Garten werfen würden. Sie grinsten nur. Sie wussten genau, dass das eine leere Drohung war. Kein Handwerker würde die angefangene Arbeit eines andern zu Ende führen. Das macht nur böses Blut. Am nächsten Tag sah ich Sie ein Stück Rohr in den Nachbargarten werfen. Fröhlich pfeifend schleuderten Sie das Stück fort.

Meine Frau ertrug die Baustelle nicht länger als sechs Monate. Dann brannte sie mit einem ihrer früheren Schulkameraden durch und überließ mich Ihrer und der Nachbarschaft Gnade in diesem verfluchten Nest. Ich hätte nie im Leben gedacht, dass sie sich ausgerechnet in Bastian verlieben würde. Er war der Schlechteste in der Klasse und schaffte mit Mühe das Abitur, das große Geld machte er schließlich als knallharter Imbissbesitzer. Ein Arschloch, sage ich Ihnen, dessen Hirn absolut leer ist. Sein Blick ähnelt dem eines toten Fischs. Und warum haut meine Frau mit ihm ab? Weil sie es satt hatte, in dieser Baustelle zu ersticken, und weil Bastian ein Nomadenleben führte. Nicht dass Sie denken, meine Frau sei Nomaden verfallen, nein. Aber stellen Sie sich das vor: Meine Frau, die sesshaft werden wollte und mich in dieses Loch gebracht hat, seilt sich ab, um herumzuziehen. Prost! (Gläser klirren.) Ich solle das Haus verkaufen, empfiehlt sie mir am Ende ihres Abschiedsbriefs. Das Haus will aber niemand zu dem Preis, den es mich gekostet hat. Dreihunderttausend zahlte ich Frau Krause, die Renovierung kostete weitere zweihunderttausend. Zum ersten Mal in meinem Leben nahm ich einen Kredit bei meiner Bank auf. Meine Bilder verkaufen sich nicht mehr so gut. Der Galerist tröstete mich, dass die Leute überall vorsichtiger geworden sind. Von Tag zu Tag wächst der Schuldenberg. Längst hat die Bank all mein Vermögen als Sicherheit unter ihre Kontrolle gebracht. Wenn man nicht Schneider, sondern Alginabi heißt, sind die Banken gnadenlos. Doch die Banken haben meinen Schlaf weniger gestört als der Verlust meiner Frau. Wer aber war an ihrer Verzweiflung schuld? Wer hat sie förmlich aus dem Haus getrieben? Sie werden es nicht glauben: wir vier. Ich mit meiner dauernden Weltuntergangsstimmung, meiner Schlappheit im Bett und meiner Nörgelei, die vor dem Aufstehen anfing und erst mit dem Einschlafen aufhörte. Meine Frau tröstete mich vier Monate lang jeden Tag achtzehn Stunden lang. Sie war die Entsorgungsanlage meiner Gifte, dann ist ihr eines Morgens die Kraft ausgegangen. Sie zog sich in sich und in ihr Zimmer zurück, schrieb Tagebuch, Briefe und Postkarten und pflegte ihre kleinen Blumentöpfe, in denen sie exotische Samen züchtete. Hinter verschlossener Tür und bei lauter Musik entfernte sie sich täglich weiter von mir, immer Richtung Süden. Ich musste mit der Baustelle fertig werden – eine Kleinigkeit – und merkte, dass sie nicht mehr zuhörte. Aber da war es schon zu spät. Sie schwieg und erwiderte meine Ansprachen weder im Guten noch im Bösen. Sie versank in der Tiefe ihrer Grübeleien und entfernte sich jeden Tag ein paar hundert Kilometer weiter. Als das Ende des sechsten Monats nahte, war sie bereits um die halbe Erde gereist und hatte Hunderte von Männern auf ihre Tauglichkeit als Rettungsring getestet. Meine Frau ist sehr ängstlich und wahrlich die Tochter eines Beamten. Sie hat auch bei mir damals mehr mein Sicherheitsangebot als ihr Herzklopfen geprüft. Mit den Jahren wurde das noch schlimmer. Je älter wir werden, umso mehr bestimmen Rheuma, Ruhe und Rente statt Herz, Schmerz und Potenz, für wen wir uns entscheiden. Ihre Wahl auf Bastian fiel am Schreibtisch. Das hat sie mir später verraten. Er hatte davon keine Ahnung. Damals ging sie systematisch vor, und er war selig, dass Barbara, die er bereits als Schüler angehimmelt hatte, am Ende tatsächlich zu ihm kam. Ein später Sieg heilt die Wunden der frühen Niederlage. Bastian war in Sachen Liebe immer ein Verlierer gewesen.

Es wäre allerdings arabisch übertrieben, wenn ich behauptete, kein anderer habe meiner Frau so viel Angst eingejagt wie Sie, Herr Klein. Nein, den letzten Schlag versetzte ihr erst Herr Galle. Im Dorf kursiert der Reim: »Wähle Galle, und du sitzt in der Falle.« Aber woher sollte ein Fremder wissen, wie bitterernst er gemeint war? Als wir uns zum ersten Mal trafen, kam Herr Galle schnell zur Sache. Er mache alles schwarz, wenn ich wolle, pro Stunde fünfundzwanzig Mark auf die Hand plus Materialkosten. Das machte ihn mir sympathisch. Galles Angebot, für mich schwarzzuarbeiten, gab mir das Gefühl, mit ihm kameradschaftlich verbunden zu sein. Doch Galle verließ sich bei seinem Angebot einzig und allein auf das Kriminelle im Menschen. Nur einer von hundert Kunden lehnte sein Angebot – aus Angst – ab.

Die anderen bekamen glänzende Augen. Die verbotene Schwarzarbeit kitzelt die Seele und macht uns zu Komplizen gegen den mächtigen Kraken namens Finanzamt. Und ich glaube keinem Bauherrn, der behauptet, niemals schwarzbauen zu lassen. Mir schien Herr Galle genau dem Bild des Deutschen zu entsprechen, von dem ich in meiner Kindheit gehört hatte. Groß, blond, blauäugig und ein Alleskönner. Er ist Zimmermann, Schlosser, Maler, und weiß der Teufel, was er alles kann. Nur eins kann er nicht: seine Zigarettenkippen in einem der vier Aschenbecher ausdrücken. Das sollte bei einem Zimmermann, dessen Werkstatt vor fünf Jahren in Flammen aufgegangen ist, eigentlich selbstverständlich sein. Doch Herr Galle drückte seine Zigaretten überall achtlos aus. Ich pickte sie aus den Blumentöpfen und sammelte sie in den entferntesten Ecken des Gartens auf. Wie erstarrte Regenwürmer ragten die gelblichen Filter aus dem Boden, pro Tag dreißig bis vierzig Stück. Rechnet man die zwanzig bis dreißig der anderen Handwerker noch dazu, kommt man im Monat auf die stattliche Summe von tausend stinkenden Kippen. Doch davon hatte meine Frau wenig bemerkt, denn Abend für Abend entfernte ich die Kippen. Aber wie sollte ich die Kacke des Herrn Galle entfernen? (Gelächter, und einer sagt prustend vor Lachen: »Mit dem Staubsauger!«) Was? Nun, Herr Galle schien an chronischem Durchfall kombiniert mit einer Blasenentzündung zu leiden. Er pisste und kackte den ganzen Tag. Meine Frau wollte jedem Streit und Ärger aus dem Weg gehen. Sie mietete für die Baustelle eine Toilettenkabine. Unser Zimmermann war aber darauf versessen, überall im Garten zu scheißen. Das verfluchte Häuschen blieb all die Monate unberührt. Herr Galle machte einen Haufen neben den anderen. Wir konnten nicht mehr achtlos in den Garten gehen, sondern mussten höllisch aufpassen, nicht in irgendeinen Haufen zu treten. Mahnungen halfen nicht. Das Resultat war nur, dass er von nun an seine Haufen mit Grasbüscheln und Erde tarnte. Als meine Frau an einem sonnigen Tag im September vorsichtig in den Garten ging, trat sie in einen Haufen, groß wie ein Kuhfladen. Sie schrie wie eine Wahnsinnige, zog ihre Schuhe aus und fuhr barfuß zu ihrem Bastian, dem Nomaden mit der Jacht. Aber um nicht dauernd von meiner Frau zu erzählen, sondern Sie lieber mit den Absonderlichkeiten des Herrn Galle zu erheitern, erzähle ich schnell noch von den Kurzschlüssen, die dieser Mann in der Regel freitags kurz vor fünf verursachte. Wo immer er bohrte, und sei es nur, um ein Brett zu befestigen, lag bestimmt ein Kabel unter dem Putz. Nun hole mal jemand in Deutschland freitagnachmittags einen Elektriker. Vergeblich verboten wir ihm, am Freitag zu bohren. Von der Qualität des Holzes, das uns Herr Galle besorgte, will ich gar nicht reden. Schauen Sie sich um. Das Holz niest sein Harz heraus und macht seine Biege- und Streckübungen, und dabei hat der arme Herr Galle nicht einmal Prozente kassiert. Er wurde gezwungen – und wir mit ihm –, bei der »Holzhandlung Angler« zu bestellen, wo er hoch verschuldet ist. Angler ist schlau, vielen kleinen Tischlern und Schreinern geht es genauso wie Galle. Er zwingt sie, bei ihm zu bestellen, sonst rückt er mit dem Wechsel an. Davon lebt er, keine Sau würde sonst Holz bei ihm holen, und das zum dreifachen Preis. Ich bin erst zu spät aufgewacht. Mich hatte die Aussicht auf einen Stundenlohn von fünfundzwanzig Mark plus Materialkosten geblendet. Haben Sie sich mal erkundigt, was eine normale Firma berechnet? Achtzig Mark die Stunde plus vierzig für den Lehrling, der die Leiter hält. Macht hundertzwanzig die Stunde für die beiden, macht pro Tag über tausend Mark. Den Monatslohn eines tüchtigen und vergnügt lebenden Handwerkers in Arabien. Und hier? Wofür wird hier gezahlt? Dass sie um halb sieben antanzen, um den Eindruck von Fleiß zu erwecken. Um halb sieben! Mein Gott, kann es nicht human um sieben losgehen? Nein, das Lächeln müsste man fotografieren, wenn ein deutscher Handwerker vor der Tür steht und den Hausbesitzer aus dem Bett klingelt. Und wozu? Um eine Weile später und für die Dauer von Stunden matt die Zeit totzuschlagen? Herr Galle war darin Meister. Und dann hat mich Herr Galle beim Tapezieren auch noch eiskalt betrogen, nachdem ich ihm alle seine Sünden aufgezählt hatte. Sie erinnern sich? (Geflüster und bejahendes Murmeln.) Ich gab ihm den Auftrag, zu tapezieren und zu streichen. Ein Auftrag, der mit einem Kostenvoranschlag von dreitausend anfing und bei neuntausend endet. Wären die Tapeten alle tatsächlich angeklebt worden, die Galle berechnet hat, meine Wände wären fünfzehn Millimeter dick zugekleistert. Der sympathische Mann vom Baumarkt rechnete die Fläche aus, die man mit der gekauften Farbe gut und satt streichen könnte, und er kam auf die Größe eines Fußballplatzes. (Lachen.) Ja, wirklich. Sie können Herrn Brandt anrufen. Warum betrügt man gerade den, der einem immer wieder verzeiht? Verklagen hätte ich ihn können, aber wozu? Um den Rechtsanwalt auch noch zu finanzieren, der mir nach einem Jahr sagt, dass wir die ganze Sache am besten fallen lassen, weil die Beweisführung schwer, das Gutachten teuer und der Angeklagte ohnehin bankrott ist? Nein, Gerichte sind für Kleinkrämer da. Ich suche immer große Lösungen. So, das war es, meine Herren. Heben wir nun unsere Gläser zum letzten Schluck. (Geräusch von anstoßenden Gläsern, und man hört einmal leise »Prost« und ein erleichtertes Aufatmen.)

Und nun zu meinem Schlussgeschenk. Meine Herren, Sie haben während all dieser Monate bestimmt viel gelacht. Doch ich bin von jeher bemüht, nicht als Erster, sondern als Letzter zu lachen. Ich habe Ihnen noch nicht erzählt, dass ich auf meinen Reisen in den Golfstaaten den schlimmsten Verbrechern und Abenteurern begegnet bin, die auf Erden existieren. Einer von ihnen, ein Chemiker aus Indonesien, macht ein Mordsgeschäft mit teuflischen Giften. Gifte sind am Golf nötig, sie sind deshalb teurer als Gold. Dort, wo das schwarze Gold aus der Erde sprudelt, regnet es Bosheiten vom Himmel. Nicht selten schafft man deshalb einen zu neugierigen Journalisten, einen betrügerischen Geschäftspartner, einen reichen Ehemann, einen unangenehmen Nebenbuhler oder andere unliebsame Zeitgenossen schnell aus dem Weg. Die Herrscher am Golf sind nicht zimperlich. Wird aber ein Mörder erwischt, so hilft kein Rechtsanwalt und kein Psychologe. Die Todesstrafe ist dem Pechvogel sicher. Deshalb ist ein zuverlässiges Gift unentbehrlicher als ein treuer Freund. Im Affekt handeln nur Idioten und Idealisten. Am Golf wird lautlos und in aller Regel spurlos gemordet. Aber wie?, werden Sie fragen. Die Substanz, die Sie mit dem Braten zu sich genommen haben, heißt am Golf »Maut Fil«, das bedeutet auf Deutsch »Elefantentod«. Sie ist eine farblose, harmlos nach gebratenem Fleisch riechende Flüssigkeit. Deshalb aß ich auch kein Stück von dem saftigen Braten, den Sie alle drei zu sich genommen haben. Ich erklärte Ihnen, ich sei Vegetarier und äße nur Gemüse. Das Tollste an diesem Gift ist: Es hinterlässt keine Spuren. Es verursacht nach etwa neunzig Minuten eine Art Herzlähmung und zerfällt in seine Bestandteile, die die gleiche Zusammensetzung haben wie das Hämoglobin. Man findet eine geringe Menge Pyrrol, Eisen und Polypeptide, wie in einem Tropfen Blut. Zu meinem Vergnügen habe ich unsere Sitzung heute aufgezeichnet. Ich werde diese Rede in Zukunft immer wieder anhören und an Sie denken. Ich würde ... Mein Gott, was ist das? Mein Herz ... (Gemurmel: »Was hat er? Er ist ja blass, er krepiert, ruf einen Arzt!«) Aber ich habe doch nichts von dem Fleisch gegessen. Ach Gott, ist es mir beim Einreiben in die Haut eingedrungen? (Besorgte Stimme: »Beim Einreiben von was? Ich verstehe Sie nicht. Hören Sie? Von was?«) Das Fleisch, das Fleisch ... habe ich mit dem Mittel eingerieben. Mein Gott ... (Alginabi schreit auf Arabisch, seine Gäste sind in Panik, sie sprechen durcheinander. »Er ist bewusstlos!« – »Was ist mit dir, Karl?«, ruft einer. Dann folgen Röcheln, Husten und Schreie, die sich zu einem furchtbaren Chor vereinen und mit dem Ende der Kassette abrupt abbrechen.)

Die Polizei wurde von der Putzfrau alarmiert, die, wie mit Alginabi vereinbart, am nächsten Morgen gekommen war, um zu lüften und die Blumentöpfe zu gießen. Ein grauenhaftes Bild bot sich der Frau. Der Hausherr lag auf dem Boden neben dem Kamin, die drei Handwerker saßen auf dem großen Sofa nebeneinander, etwas nach hinten gelehnt. Alle vier Toten schnitten Grimassen. Alginabi hatte einen Flug nach Bahrain gebucht. Sein Flugzeug sollte kurz nach acht von Frankfurt aus starten. Das Flugticket steckte in der Innentasche seiner Jacke. Seine Reisekoffer standen gepackt im Schlafzimmer.

(1998)

Der Libanese

Eine Geschichte in sechzehn E-Mails
über einen seltsamen Zeitgenossen,
dessen Tod die einzige sichere Sache in seinem
erzählten Leben war.

Erste E-Mail

Lieber Rafik, vielleicht erinnerst Du Dich an mich. Ich bin Elias Blota. Wir haben uns bei einer Lesung in Frankfurt kennengelernt. Damals hatte ich noch kaum etwas von Dir gelesen. Ich war mit der kleinen Fabrik beschäftigt, die meine Frau von ihrem Vater geerbt hatte. Meine Frau liebte Deine Bücher und entdeckte plötzlich, dass wir aus demselben Dorf stammen: Malula. Erinnerst Du Dich noch daran? Als ich Dir sagte, ich würde gerne lesen, wenn ich Zeit hätte, hast Du mir zur Freude meiner Frau eine liebevolle verbale Kopfnuss verabreicht. »Das glaube ich dir nicht«, hast Du erwidert. »Ein Raucher sagt nie, er würde gerne rauchen, habe aber leider keine Zeit dafür. Und Lesen ist eine Leidenschaft, die süchtig macht.«

Seit diesem Tag lese ich täglich und schreibe Tagebuch. Meine E-Mails überraschen Dich vielleicht, sofern Du von meiner Tragödie noch nicht gehört hast. Ein Wärter hier speichert sie auf einem USB-Stick und sendet sie Dir von einem Internetcafé aus. Ich habe einen

Laptop, aber ich darf nicht mit der Außenwelt in Kontakt treten, deshalb brauchst Du auch gar nicht zu antworten. Ich möchte Dir alles schreiben, weil ich sonst verrückt werde. Meine Frau ist merkwürdig. Sie liebt mich, aber sie schämt sich, dass ich im Gefängnis sitze. Ich versuche, ihr zu erklären, dass ich mit etwas Glück nach drei, vier Jahren rauskomme. Ich werde ganz von vorne anfangen. Zumal unsere Fabrik nun auch endgültig bankrott ist.

Eine Revision sei möglich, aber die Frankfurter Gerichte seien überlastet, sagt mein Anwalt. Ich könne zur Abwechslung ja die Zeit statt Menschen totschlagen. Das bleibe ungestraft. Anwälte können sehr witzig sein, meiner ist ein zynischer Trottel.

Ich wäre sehr einsam, hätte ich nicht diesen kleinwüchsigen Libanesen namens Hamid bei mir.

Hamid, mein Zellengenosse, ist ein Verrückter, der an einem einzigen Vormittag in Frankfurt drei Männer umgebracht hat, weil sie seine Frau angegriffen haben.

Er ist ein unberechenbarer Typ, vor dem man sich in Acht nehmen sollte. Teuflische Wildheit und engelhafte Sanftmut liegen bei ihm nah beieinander. Manchmal ergreift ihn eine fast kindliche Angst, und ich spiele, wo immer ich kann, die Katze für seine Angstmäuse. Er hat große Achtung vor mir, nicht wegen meines Ingenieurdiploms, sondern weil ich aus dem Bergdorf Malula stamme. Er habe bereits als Kind im Libanon von diesem Dorf gehört, hat er mir erzählt, und auch davon, dass die Bauern des Dorfes sich vor niemandem beugen und dass bei ihnen das Klappmesser schneller aufgeht als der Mund. Ich weiß nicht, woher er diesen Unsinn hat, aber ich stimme ihm sicherheitshalber zu.

Ich muss zugeben, dass ich völlig überrascht bin, im Gefängnis in Deutschland einen Libanesen zu treffen, der mir von meinem Dorf vorschwärmt. Exil gebärt Wunder.

Einmal hat er mich mit der Unschuld eines vierjährigen Kindes gefragt, ob es stimme, dass die Malulianer einem Riesen, der sie heimgesucht hatte, einen Witz erzählten, und während der Riese lachte, durchschnitten sie ihm mit einem hauchdünnen Schwert aus Damaszener Stahl blitzschnell den Hals, und zwar so perfekt, dass nicht einmal der Riese selbst es bemerkte. Er lachte, und erst als er einen Schritt tun wollte, rollte sein Kopf davon wie eine Wassermelone und das Blut spritzte so hoch, dass der Himmel drei Tage lang rot blieb.

Ich habe blass genickt. Es war mir elend schlecht bei der Vorstellung.

Er nennt mich dauernd Usstas, Lehrer, wie alle Analphabeten bei uns zu jedem sagen, der für sie zu den Gebildeten gehört, und nicht selten zu jedem, der eine Krawatte trägt. Obwohl ich ihm zehn Mal gesagt habe, dass ich ein einfacher Elektroingenieur bin. Es sei ihm egal, ich sei ein Usstas.

Hamid nimmt mir nicht ab, dass dieser elende Betrüger, den ich aus Liebe zu meiner Frau in meine Firma aufgenommen hatte und der, statt dankbar zu sein, meine Firma ruinierte, bei einem Unfall ums Leben kam. Ja, ich gebe zu, ich hatte ihn vor allen Mitarbeitern angebrüllt, ich würde ihn umbringen, aber ich habe es nicht getan. Ich habe ihn nur leicht geschubst. Sein tödlicher Sturz vom vierten Stock war ein Unfall.

Hamid hält meine Version für eine raffiniert gewebte Geschichte. »Usstas«, hat er vor ein paar Tagen ernsthaft gesagt, »in euren feinen Kreisen werden Morde wohl als Unfälle abgewickelt.«

»Und wer wickelt sie ab?«, habe ich verärgert gefragt.

»Der, dessen Name nur Gott kennt, und der alle Angelegenheiten abwickelt«, hat er geantwortet. Er erinnert mich an die Redensarten in Damaskus, wenn sie von mafiösen Herrschaftsclans sprechen wollen, ohne sie zu nennen.

Warum haben sie mich mit diesem Verrückten in eine Zelle gesteckt? Das weiß nur Gott. Vielleicht haben sie aus humanitären Gründen gehandelt, weil zwei Araber irgendwie am besten zusammenpassen. Oder ist das ein Komplott, weil der Kerl unberechenbar ist? Ich weiß es nicht. Ich werde es aber bald herausfinden.

Zweite E-Mail

Hamid verbrachte seine ganze Kindheit und Jugend im libanesischen Bürgerkrieg. Das machte ihn kalt und zynisch. Besser als jeder Experte kennt er alle Waffengattungen, die in Beirut und Umgebung eingesetzt wurden.

Er durchlebte alle Spielarten der Niedertracht und der Kälte. »Sibirien wirkt dagegen wie ein Backofen«, meint er. Brüder, die sich ans Messer lieferten, Familien, die in verfeindete Parteien zerfielen und aufeinander schossen. Menschen wurden nach ihrer Vorhaut sortiert. Beschnittene galten als Muslime, Unbeschnittene als Christen. Die einen waren dem Tod geweiht, die anderen wurden gerettet. Und war ein Christ aus medizinischen Gründen in seiner Kindheit beschnitten worden, so konnte ihn das

das Leben kosten – oder er durfte es eben deshalb fortsetzen.

Hamid hungerte und nahm für ein schäbiges Essen jede Demütigung in Kauf. Er wurde misshandelt und verfluchte all seine Quäler bis zum siebzigsten Vorfahren.

Und wenn Hamid all die Grausamkeiten des Bürgerkrieges aufzählt, sagt er mit Ironie in der Stimme immer wieder einen Satz: »Der Libanon ist die Schweiz des Orients.«

Heute hat er ihn zum ersten Mal noch ergänzt: »Und wer so etwas sagt, kennt entweder die Schweiz oder den Libanon nicht.«

Dritte E-Mail

Ruhe zum Schreiben habe ich erst, wenn Hamid schläft, denn solange er wach ist, herrscht hier in der Zelle die Unruhe. Es ist nicht nur so, dass er überhaupt nicht ruhig sitzen kann, sondern er verwirrt mich auch, wenn er erzählt. Er lügt nicht, sondern er hat zu viele Wahrheiten. Am Ende weiß ich nicht, was er eigentlich erzählt hat. Ist seine Frau nun eine Prostituierte oder bilde ich mir das ein? Und warum macht einer in seinem Leben so viel durch, um dann drei Männer umzubringen, die er überhaupt nicht kennt?

Hamid war zehn Jahre alt, als 1975 der Bürgerkrieg im Libanon ausbrach. 1990 flüchtete er mit seiner hübschen Frau in die Bundesrepublik. Warum nur? Und vor wem? Erfahre ich nicht. Er verfängt sich in poetischen Antworten und gibt irgendwann ganz auf. Er sei mit seiner Frau nicht vor dem Bürgerkrieg geflüchtet, sagt er, sondern um den Frieden und die Liebe mit ihr zu genießen. Sie sei von mächtigen Männern in Beirut begehrt worden, sie aber habe nur Augen für ihn, den kleinen mittellosen Teufel, gehabt, und weil er keine Chance gegenüber den Söhnen der Mächtigen gehabt habe, sei er nach Frankfurt geflohen. Er bekam Asyl und lebte seither mit seiner Frau zusammen.

Sie ist eine orientalische Schönheit. An seiner Pritsche kleben mehrere Fotos von ihr. Vorausgesetzt, sie ist die abgebildete Frau. Denn die ganze Geschichte ist reichlich wirr.

Was er fünfzehn Jahre lang im Libanon gemacht habe, bevor er nach Frankfurt gekommen sei, frage ich ihn unsinnigerweise. »Ich habe gelernt zu überleben«, antwortet er stolz.

Heute hat er mir drei Stunden lang vom Krieg erzählt, von kleinen und großen Gaunern. Und wie er als Muslim dem Tod in die Augen sah, als er bei einem Überfall gefangen genommen wurde. Die maskierten Falangisten hatten alle Männer für Muslime gehalten und keine Gefangenen machen wollen. Der Vorfall hatte sich in einem Stadtteil zugetragen, der erbitterten Widerstand gegen die vorrückenden christlichen Milizen geleistet hatte. Die drei maskierten Falangisten stellten also Hamid und die anderen Männer an die Wand, es half ihnen kein Flehen und Weinen. Selbst als einige behaupteten, sie seien Christen, blieben die Falangisten hart. In der Sekunde aber, als sie anlegten, um dem Leben der Gefangenen ein Ende zu bereiten, erkannte der herbeigerufene Anführer unter den Männern seinen eigenen Onkel. Solche Dramen gab es immer wieder im Bürgerkrieg. Nicht selten gehörten die Söhne einer Familie unterschiedlichen Kriegsfraktionen an. Das habe ich ja bereits erwähnt. Nun aber, da der Falangist seinen Onkel erkannt hatte, war das Leben der Gefangenen gerettet, denn der Mann versicherte seinem zu Tode erschrockenen Neffen, alle anderen Gefangenen seien auch Christen. Hamid, den er Georg nannte, sei der Sohn eines Freundes und habe aus Angst ein Gewehr in die Hand genommen, das die Muslime bei ihrem Rückzug zurückgelassen hätten.

Aber warum habe der Onkel gelogen und sei damit ein Risiko eingegangen? Das war wieder eine der dummen Fragen, die nur jemand stellen kann, der wie ich die Wirren eines Bürgerkrieges nie erlebt hat. Hamid hat gelacht und den Kopf geschüttelt. »Usstas«, hat er gesagt, »ich dachte, jemand, der so viele Bücher gelesen hat wie du, wird wissen, warum. Wer dem Tod in die Augen schaut, verliert alles Irdische. Der Onkel hat in uns Schicksalsbrüder gesehen. Er hätte seine Errettung niemals genießen können, wären wir nicht auch gerettet worden. In diesem Moment waren wir ihm näher als seine eigenen Kinder. Verstehst du, Usstas?«

Ich habe beschämt genickt.

»Mein Lebensretter wanderte bald darauf nach Kanada aus«, hat der Libanese seine Geschichte fortgesetzt. »Ich arbeitete bei einem Friseur und hieß von nun an Georg. Ein halbes Jahr blieb ich im christlichen Herrschaftsgebiet, bis die Muslime den Stadtteil zurückeroberten. Und dann überlebte ich dank meiner Vorhaut.«

»Wie denn das?«, habe ich erstaunt gefragt.

»Als die fanatischen Muslime kamen und mich gleich mit den ersten zehn Männern hinrichten wollten, weil ich besonders christlich aussah, so jedenfalls ihr Anführer, habe ich ihm gesagt, dass ich Hamid heiße und mich die ganze Zeit hatte verstecken müssen, damit die Christen mich nicht umbringen. Zwei andere Christen schworen beim Propheten, sie seien auch Muslime und würden die Christen verabscheuen. Einer von ihnen rezitierte mit salbungsvoller Stimme sogar Verse aus dem Koran. Der Kommandeur der Truppe lachte und beschimpfte uns als Lügner und Feiglinge. Wir wurden alle an die Mauer gestellt. Einer der Soldaten kam wortlos auf uns zu und riss uns die Hosen vom Leib. Ich war der einzige Beschnittene. Ich wurde freigelassen und die anderen wurden durchlöchert.«

Vierte E-Mail

Hamid kann wirklich keine Sekunde lang ruhig sitzen. Er geht zwischen Tür und Fenster auf und ab und spricht, wenn nicht mit mir, dann mit sich selbst, beschimpft seinen unsichtbaren Gesprächspartner, schmeichelt ihm und beschwichtigt ihn. Und manchmal hält er plötzlich inne und spricht mich wirr an. Oft verstehe ich ihn einfach nicht, weil mir Teile seiner Selbstgespräche fehlen. Doch seine Unruhe macht mir manchmal Angst, denn mindestens einmal am Tag starrt er mich für einige Sekunden an und flüstert mir mit geweiteten Augen zu, wir würden abgehorcht und man greife in Deutschland zu geheimen Methoden, um die Gefangenen fertigzumachen. Ich solle mir nie eine Spritze geben lassen, denn dann würde ich mit Sicherheit an AIDS sterben. Ich solle mir nie die Zähne behandeln lassen, denn dabei könne mir im Zahn eine Wanze installiert werden. Und er meint es vollkommen ernst. Manchmal sieht er mich ängstlich an und fragt voller Verzweiflung, was ich mit dem Laptop machen würde und ob mich jemand geschickt habe, um ihn zu töten. In solchen Augenblicken tut er mir so leid, dass ich beinahe weinen muss. Aber inzwischen ist mir klar, dass ich mir bei seinem Argwohn eher selbst leid tue. Wie tief war ich gesunken, dass ich für einen bezahlten Killer gehalten werde. Ich könne keiner Fliege etwas zuleide tun, will ich ihn besänftigen und mache ihn damit nur noch nervöser.

Nun liegt er friedlich da wie ein großer Junge und seine Unruhe verkriecht sich unter seinem Kopfkissen.

Fünfte E-Mail

Mein Zellengenosse Hamid ist im Gegensatz zu vielen Arabern nicht abergläubisch. Er ist erschreckend nüchtern, wie man es sonst nur von abgeklärten Philosophen oder von Analphabeten kennt. Er ist geradlinig und bei der Suche nach Ursachen schneller als ein Computer. Allerdings liegt er mit seinen Antworten oft daneben. Seine Vernunft scheint ihm keinerlei Grenzen zu setzen. Heute Morgen hat er allen Ernstes jegliche Schuld an den Morden von sich gewiesen und mich auf die Ursache allen Übels aufmerksam gemacht: die Mode. Seelenruhig hat er mir erzählt, dass er nach seiner Entlassung den erstbesten Modemacher umbringen werde, der ihm über den Weg läuft. Ja, die Mode sei schuld, denn seine Frau habe sich immer aufreizender angezogen und damit, ohne es zu wissen, die Männer angeheizt. Die Verführten hätten sie mit Geschenken überhäuft, um sich ihre Gunst zu sichern.

Und in der Tat sieht seine Frau auf den Fotos nicht nur schön, sondern in ihren Kleidern und Posen auch sehr aufreizend aus, während Hamid wie ein großer unbeholfener Junge verwundert in die Kamera schaut.

Heute hat er mir ein Foto gezeigt, auf dem er als Kämpfer in den Bergen des Libanons abgebildet ist. Ich habe ihn nicht erkannt. Der Mann auf dem Bild stand breitbeinig da, die Kalaschnikow mit dem rechten Arm in die Luft gestreckt. Sein Gesicht war mit einer Kufiya, dem arabischen Kopftuch, vermummt. Er hat geschworen, dass er das sei. Mich interessiert das herzlich wenig, aber er ist übereifrig darum bemüht, mir Beweise vorzuführen. Offenbar mache ich auf ihn einen eher angewiderten und ungläubigen Eindruck.

Sechste E-Mail

Von Tag zu Tag nehme ich ihm die Geschichte von seiner aufreizenden Frau, die den Männern den Kopf verdrehte, was wiederum zu den Morden führte, weniger ab. Ich glaube eher, dass er einen großen Bogen um die Wahrheit schlägt. Er umkreist sie und hofft, dass ich langsam begreife, wo das Zentrum des Kreises liegt, worum es geht. Aber ich will mich dumm stellen, bis er die wahre Geschichte erzählt. Ich brauche mich dabei nicht besonders zu verstellen. Ich verstehe den Kerl überhaupt nicht, obwohl er arabisch redet.

Die ersten Andeutungen über seinen Beruf haben mich vermuten lassen, er wäre Restaurantdiener gewesen. Denn was soll ein armer Teufel, ein halber Analphabet aus dem Libanon im Frankfurter Bahnhofsviertel arbeiten?

Tellerwäscher?

Nein.

Dealer?

Nein, hat er geknurrt, als hätte ich Seine Exzellenz beleidigt.

Leibwächter war er.

Leibwächter? Für wen denn?

Das sei kompliziert zu erklären, und er wisse nicht, ob ich das verstehen würde. Was für eine Antwort!

Siebte E-Mail

Er war der Leibwächter eines wichtigen Mannes mit »schweren Hoden«, wie Hamid jemanden bezeichnet, der Macht innehat. Die Libanesen seien als Leibwächter beliebt, weil sie den Tod nicht fürchten. Sie seien zudem nach zwanzig Jahren Bürgerkrieg mit dem Handwerk des Todes vertraut und außerdem, das betont Hamid immer wieder, seien sie weltgewandt.

Ist das nicht irre? Die Libanesen gelten nicht nur als die Schweizer des Orients, sondern als ein Volk des Genusses und der Leichtigkeit. In Witzen zum Beispiel wird immer die Lebenslust der Libanesen, ergo ihre Angst vor dem Krieg karikiert.

Und nun das. Die Libanesen seien beliebte Leibwächter im Rotlichtmilieu. Warum?, habe ich gefragt.

»Sie fürchten weder die russische, die italienische noch die chinesische Mafia. Da lassen die deutschen

Leibwächter der Unterwelt, mit Anabolika vollgepumpt, die Finger davon«, hat Hamid lachend gesagt. »Der Mut sitzt nicht in den Bizeps, sondern im Herzen, und dafür sind wir Libanesen da.«

Er ist voller Stolz, als würde er mir von einer Erfindung oder von einem olympischen Rekord eines Libanesen erzählen. Aber vielleicht hat die Unterwelt auch ihre Moralskala und Olympiamedaillen. Wer der italienischen Mafia die Stirn bietet, bekommt Silber, wer der russischen Mafia gewachsen ist, bekommt Gold. Ach ja? Die Geschichte von dem Mord ist wohl doch komplizierter, als ich angenommen habe, und hat mit der Frau vielleicht gar nichts zu tun.

Achte E-Mail

Nein, nein. Ich solle das für mich behalten, hat er leise gesagt, sich auf die Kante meiner Pritsche gesetzt und sich meinem rechten Ohr genähert. »Usstas, du hast bestimmt von der großen Schießerei in Frankfurt gehört«, hat er kaum hörbar geflüstert. »Drei Russen sind hopsgegangen und zwei sind schwer verletzt und für immer aus dem Verkehr gezogen. Es war die größte Blamage für die Russen. Sie wollten meinen Boss erledigen. Ich war schneller, und bis zum letzten Tag seines Lebens lobte mein Boss meinen Mut. Er nannte mich seinen Sohn.«

Das war seine Heldentat, ein Schlag gegen die russische Mafia, die damals versucht hatte, alle Bordelle und Nachtlokale unter ihre Kontrolle zu bringen. Die Polizei sei nur gekommen, um ein Protokoll für die Akten und für die Boulevardzeitungen aufzunehmen.

Und das seien die drei Morde, deretwegen er hier sitze?, habe ich erstaunt gefragt.

Das sei eine private Angelegenheit, hat er fast unbeteiligt erwidert. Wunderbar. Das wird ja immer heiterer mit dem Kerl.

In diesem Knäuel von Widersprüchen finde ich oft keinen Faden mehr zu ihm. Aber heute habe ich ihn gefragt, wo seine Frau denn gearbeitet, wo sie diese drei lebensmüden Männer denn getroffen habe.

Sie habe in einem Haus gearbeitet, mehr war aus ihm nicht herauszuholen. Seine Bitte allerdings, ich solle nicht schlecht von ihr denken, hat mich misstrauisch gemacht. Sie habe nur als Aushilfe gearbeitet, hat er unsicher gestottert, natürlich habe das Haus einen schlechten Ruf, aber das sei kein Grund, seine Ehre zu verletzen.

»Usstas«, hat er noch einmal gerufen und auf das Foto gezeigt, »von mir darfst du so schlecht denken, wie du willst, denn ich bin eine Brut des Satans, aber bitte nicht von ihr.« Er hat gewirkt, als hätte er Drogen genommen. »Nicht schlecht von ihr denken! Kapiert?!«, hat er gezischt und sich drohend vor mir aufgepflanzt.

Natürlich. Ich würde mich hüten, denn in diesen Sekunden war sein Gesicht tatsächlich satanisch.

Ich habe ihn beruhigt, ich würde noch nicht einmal von den Frankfurter Zuhältern schlecht denken. Das aber hat ihn erst recht wütend gemacht. Ich hatte es nur gesagt, um ihn zu beschwichtigen. Er aber ist sehr enttäuscht gewesen, dass ein Gelehrter wie ich so wenig vom wirklichen Leben wisse. Damit hat er bei mir eine Wunde getroffen. Ist das nicht die Regel unter uns Fachidioten?

Nach solchen Ausbrüchen herrscht in der Zelle drei,

vier Stunden nervöses Schweigen. Er schmollt wie ein beleidigter, trotziger kleiner Junge, als hätte er bemerkt, dass er einem Spielkameraden, der es nicht wert war, zu viel anvertraut hatte. Nicht selten verbietet er mir dann, zu tippen, weil ihn das nerve.

Die Arbeit seiner Frau, die letztendlich zum Mord führte, ist mir ziemlich schnell klar geworden, aber ich wage nicht, darüber zu sprechen. Ihre Tätigkeit umschreibt er umständlich, sie ist weder Putzfrau noch Köchin noch Haushälterin. Was bleibt noch? Sekretärin? Unmöglich. Er sagt, sie könne noch schlechter deutsch als er, was kaum möglich ist, denn Hamid spricht so schlecht deutsch, dass es eine Kunst wäre, ihn zu unterbieten.

Aber vielleicht bringen die nächsten Wochen Licht in diese düstere Angelegenheit. Wenn er mir nicht vorher den Hals umdreht.

Neunte E-Mail

Hamid hat mir heute ein fürchterliches Messer gezeigt. Er habe es von einer Bande im Knast gekauft, denn er habe vor einigen Tagen erfahren, dass die Russen zwei Killer auf ihn angesetzt hätten. »Russen sind nachtragender als ein Bär. Sie verzeihen nichts. Sie sind die ganze Zeit hinter mir her. Ein Wärter hat mir gesagt, die zwei seien vor einer Woche hier gelandet und hätten einen Tag später nach mir gefragt. Aber ich will mich um mindestens einen kümmern, bevor sie mich erledigen, damit ich auf dem Weg in die Hölle einen Begleiter habe, verstehst du?«, hat er gescherzt und seinem imaginären Gegenüber mit dem Messer ein Loch in den Bauch gestochen.

Ich habe genickt und mein Hals hat vor Trockenheit geschmerzt. Ich begreife allmählich, dass ich mich in einer Irrenanstalt befinde. Man hat es mir nur aus Mitleid verschwiegen.

Zehnte E-Mail

Hamid ist beim Anstaltsarzt gewesen. Er fühlt einen Druck im Magen und kann seit Tagen nicht richtig essen, aber eigentlich leidet er unter etwas anderem. Seine Frau hat ihn vor ein paar Tagen besucht und ihm anscheinend klargemacht, dass sie nicht auf ihn warten könne. Er hat sie nach jedem Besuch heiliggesprochen, aber nicht nach dem letzten Besuch. »Was für ein Undank!«, hat er den ganzen Abend über geflucht.

Gestern hat er eine Andeutung gemacht, dass er zum ersten Mal seit zwei Jahren, und so lange sitzt er hinter Gittern, vermutet, sie plane, Deutschland mit einem anderen Mann zu verlassen. Sie sei diesmal sehr kalt zu ihm gewesen und habe seine Frage nach ihrem Verbleib in Deutschland nicht eindeutig beantwortet. Sie habe nur von seiner langen Haftstrafe gesprochen. Mindestens zwanzig Jahre muss er, wenn er brav ist und sich gut führt, sitzen.

Zwischendurch hat er mich gefragt, was ich von seiner Frau halte. Da ich diese ganze Geschichte aber überhaupt nicht verstehe und die Frau nicht kenne, habe ich ihm nicht geantwortet. Er war enttäuscht. »Usstas«, hat er auf seinem Bett sitzend geflüstert, »ich habe drei

Männer umgelegt, um sie zu retten, und nun verlässt sie mich. Sie will, glaube ich, mit einem Franzosen nach Paris gehen. Ich bringe beide um. Und du hast keine Meinung dazu? Wozu hast du studiert, Usstas?«

Mich hat die Wut gepackt. Es wird mir langsam zu dumm, und ich habe ihn gefragt, ob er nicht aufhören wolle, seinen Verstand durch ein Messer zu ersetzen. Er solle lieber in sich gehen und sich fragen, was in seinem Leben schiefgelaufen sei. Und darüber hinaus solle er mich mit seinen Dummheiten verschonen. Er hat gelacht. »Schiefgegangen, sagst du? Weißt du, mein Leben ist eine einzige Rutsche.«

Ich habe einen halben Tag lang kein Wort mit ihm gesprochen. Er schlief und wachte auf, schlief und wachte auf, und erst gegen Abend hat er mich beruhigt, er habe sich alles noch einmal überlegt und wolle niemanden mehr umbringen.

»Das hört sich besser an, dann lass uns jetzt über deine Frau reden. Erzähl mir alles, auch das, was dich beschämt, denn tiefer kannst du nicht mehr sinken, im Gegenteil. Deine Worte, dein Schmerz kann dich in meinen Augen aufwerten, und das ist nicht schlecht für einen Verlorenen.«

Elfte E-Mail

Welch ein Hohn hält das Leben im Verborgenen für uns bereit? Welch eine Erniedrigung muss ein Mensch im Exil erleben? Hamid liebt seine Frau und hat mit Sicherheit nie im Leben gedacht, dass die Zeit ihn zwingen würde, die Prostitution seiner eigenen Frau zu dulden.

Er war lange Zeit arbeitslos gewesen und seine Frau ging putzen. Das Geld aber reichte vorne und hinten nicht. Und irgendwann erfuhr er, dass seine Frau, der dreckigen Putzarbeit und der Demütigungen überdrüssig, auf den Strich ging. Jetzt verdiente sie in drei Stunden mehr als in acht Stunden Putzen, und das war für sie das Wichtigste, denn sie war trotz Bürgerkrieg ziemlich behütet aufgewachsen und weder für die harte Arbeit noch für die Tyrannei der Kolonnenführerin geschaffen. Ein Zuhälter war auf sie aufmerksam geworden und hatte sie mit Geschenken überhäuft, bis sie nachgab und die Vormittage in einem Stundenhotel verbrachte.

Erst allmählich hatte Hamid sie durchschaut. Er war explodiert, es hatte Tränen und Geschrei gegeben, doch es half ihm nicht. Geschlagen aber habe er seine Frau nie, behauptet er, und das kommt mir bei einem Araber aus den unteren Schichten seltsam vor. Er fand keine Arbeit, und seine Frau ernährte ihn. Anfänglich weinte er bitterlich, wenn sie anschaffen ging, apokalyptische Bilder schossen ihm durch den Kopf und verschwanden im Nebel jener sechzig Zigaretten, die er täglich rauchte. Seine Frau war nüchtern: Die Zigaretten würden sie einen Fick kosten, weil sie nicht mehr als zehn Euro pro Freier bekomme. Hamid wollte aufhören zu rauchen, doch die Sucht radierte das Bild dieses einen Freiers, der für die Zigaretten stand, aus. Bald gewöhnte er sich an, alle Freier auszuradieren. Auf einmal hatte er Geld und konnte sich ein Auto kaufen, einen Mercedes, wie er betont, und er versöhnte sich mit der Arbeit seiner Frau, weil die Männer, an die sie sich verkaufte, keine Gesichter hatten. Sie hatte ihm versprochen, nie mit einem Araber zu schlafen. Ihr Zuhälter hielt sie für verrückt, aber sie war seine beste und schönste Hure. Hamid nennt seine Frau nie Hure, sondern Mitarbeiterin des Zuhälters. Welch absurder Vorstellung hing er nach, dass seine Ehre so lange nicht angetastet würde, solange kein Araber seine Frau bestieg. Doch wer sollte über ihn richten? Ich vielleicht? Welch infantilen Vorstellungen hängen wir arabischen Akademiker wiederum nach?

Zwölfte E-Mail

Und dann bekam Hamid über den Zuhälter seiner Frau den Auftrag, Leibwächter eines sehr einflussreichen Zuhälters zu werden. Das Verrückte dabei ist, dass der Zuhälter ein Jude war und Hamid von ihm spricht wie von einem Vater. »Stell dir vor, Usstas«, hat er mir gestern gesagt, »wir schießen aufeinander im Libanon und hier vertraut mir dieser Mann sein Leben an. Wo immer er Platz genommen hat, durfte niemand außer mir hinter ihm stehen. Auch beim Essen. Und er war so ein großzügiger Herr.« Wie ein verlorenes Kind hat Hamid angefangen zu weinen. Als er aber vor Tagen von der Ermordung seines Vaters im Bürgerkrieg gesprochen hatte, war keine einzige Träne geflossen. Ist das nicht seltsam?

»Warum weinst du? Was ist passiert?«, habe ich gefragt.

»Er ist einer der reichsten Bordellbesitzer in Deutschland. Die Russen wollten sich seine Häuser unter den Nagel reißen. Sie haben ihm ein zweistelliges Millionenangebot gemacht, aber er wollte nicht verkaufen. Deshalb haben sie zwei Killer auf ihn angesetzt. Aber ich war schneller, und sie haben mit dem Leben bezahlt. Das habe ich dir ja schon erzählt. Danach haben wir den Schutz verstärkt. Ein junger Leibwächter sollte mir zur Hand gehen, und seine Villa im Taunus wurde mit der besten Alarmanlage ausgestattet.

Dann war ich zwei Wochen lang krank. Eine Zyste an meinem rechten Fußknöchel musste operiert werden. Die Wunde hat sich fürchterlich entzündet, weil der Arzt nicht sauber gearbeitet hat. Und jeden Tag schickte Chaim, der Jude, mir frische Blumen und Schokolade. Hat das ein Verwandter von mir je gemacht? Nein.

Am zehnten Tag kamen keine Blumen. Ich wusste, sie haben ihn erschossen, und fing zu weinen an. Meine Frau lachte mich aus, ich sei immer auf Pech programmiert, meinte sie. Am nächsten Tag stand es in der Zeitung. Die Russen hatten ihn erwischt. Ich bin schnell aus dem Krankenhaus geflohen und habe mich versteckt. Nun war ich wieder arbeitslos. Was für ein Pechvogel bin ich nur! Chaim wollte, dass ich als Leibwächter bei ihm bleibe, und bot an, mir ein kleines Lokal zu schenken, damit ich ausreichend verdienen und etwas für meine alten Tage zurücklegen könnte. Ich wäre auch so bei ihm geblieben. Er war ein edler Mensch.« Wieder hat Hamid ganz erbärmlich geweint. Nur schwer habe ich ihn beruhigen können, und schließlich ist er erschöpft eingeschlafen.

Draußen ist es kalt und vor dem Fenster sehe ich den klaren Sternhimmel. Ich decke Hamid zu, weil er wie ein Kind oft die Decke von sich wirft. Und wie ein unbeholfenes Kind tut er mir leid.

Irgendwo in der weiten Ferne und unter diesem Sternenhimmel sitzt zu dieser Stunde seine in schwarze Witwenkleider gehüllte Mutter und betet, dass sein Weg ihn gefahrlos zu ihr führen möge. Sie dürfe von seinem Schicksal nichts wissen, sagt Hamid, es würde ihrem kranken Herzen den Rest geben. Erst vor einer Woche hat er ihr die Worte aller Emigranten geschrieben, die sie beruhigen sollen: »Mutter, mir geht es gut. Mach dir keine Sorgen, nur noch ein paar Jahre, und dann bin ich bei dir.« Bestimmt hat sie beim Lesen Tränen in den Augen gehabt und ihm ihren Segen gegeben.

Meine Mutter ist seit zehn Jahren tot, und auch sie hat bis zum letzten Tag ihres Lebens auf meine Rückkehr gewartet und jeden Sonntag eine Kerze für die heilige Maria angezündet.

Manchmal könnte ich weinen, wenn ich mich im spiegelnden Fensterglas sehe, wie elend ich in meiner Gefängniszelle aussehe, unrasiert, in einer ausgebeulten Cordhose und mit ausgelatschten Hausschuhen. Wohin sind die Mühen, der Fleiß und die Träume der Jahre geflossen? Ich weiß darüber weniger als über den Verbleib des Wassers, das die Erde zur Zeit Noahs überschwemmt hat.

Mich verwirrt dieser Libanese und ich fürchte sehr, dass seine Geschichte morgen wieder ganz anders lauten wird.

Dreizehnte E-Mail

Hamid geht es seit Tagen schlecht. Er ist öfter beim Arzt gewesen, der ihn aber zumindest anfänglich nicht ernst genommen hat. Hamid ist daran nicht ganz unschuldig. Er misstraut dem Arzt und den Medikamenten und will genau wissen, was er hat. Der Arzt aber bleibt vage. Offenbar steht es schlecht um Hamid. Er muss bald ins Krankenhaus.

Sein Ende war im Grunde an dem Tag gekommen, als sein Beschützer Chaim dem Mordanschlag zum Opfer gefallen war. Die beiden waren aufeinander angewiesen. Chaim brauchte Schutz für seinen Leib. Seine Seele dagegen war groß und stark, und er schenkte Hamid Seelenschutz, den dieser seit dem Ausbruch des Bürgerkriegs im Libanon und spätestens seit der Ermordung seines Vaters nicht mehr hatte.

Als sein Beschützer starb, starb auch der Mut des Libanesen. Er wurde in dieser Zeit noch einsamer und er wurde immer aggressiver, denn seine Angst wuchs. Seiner Frau gegenüber aber blieb er freundlich. Ihr war er ergeben durch eine unglaubliche Liebe. Er schimpfte nicht einmal mit ihr.

Überall sonst suchte er Streit und bekam ihn auch. Als er zwei Mal mit seiner Pistole betrunken herumgeballert hatte, drohte seine Frau, ihn auf der Stelle zu verlassen. Er verkaufte die Pistole an einen anderen Libanesen und langweilte sich von nun an auf den Straßen von Frankfurt.

Wie es zu den tragischen Morden kam, weiß ich nicht genau. Ich versuche, die Fetzen und Fragmente so zusammenzufügen, dass sie ein Ganzes ergeben. Alles ist übertrieben und voller Widersprüche. Lasse ich die Göttin der Vernunft herrschen, so bleibt nur ein Kopfschütteln, aber keine Zeile vom Erzählten zurück.

Und das ist in groben Zügen, was passiert sein muss: Eines Tages hatte Hamid Krach mit seiner Frau. Er war schlecht gelaunt und wollte, dass sie aufhörte zu arbeiten, doch sie machte ihm klar, dass sie dem Zuhälter zehn

Riesen schulde, die Hamid seiner Mutter wegen einer dringend benötigten Herzoperation geschickt habe. Und wenn er selbst keinen Pfennig in der Tasche habe, solle er nicht herumkommandieren, sondern froh sein, dass sie alles ertrage, um sich selbst, ihn und seine Mutter zu ernähren. Er beschimpfte sie zum ersten Mal und nannte sie Hure. Sie weinte, und das machte ihn völlig fertig. Er stürmte aus dem Haus, doch weit ging er nicht. Als wollte er sich selbst demütigen, suchte er zum ersten Mal die Straße auf, in der seine Frau arbeitete.

Er setzte sich in eine kleine Bar gegenüber dem Hotel, in dem seine Frau ihre Freier empfing. Drei Araber saßen an einem Tisch am Fenster, lachten und tranken. Hamid kannte sie nicht. Aber ihren Dialekten zufolge war der erste ein Ägypter, der zweite ein Iraker und der dritte ein Syrer. Sie tranken immer mehr Bier und zogen auf Arabisch über die Huren her. Nach einer Weile nahm Hamid sein Bier, es war sein fünftes an diesem Vormittag, und gesellte sich zu ihnen. Sie waren alle Dealer der untersten Charge.

»Meine Fresse«, sagte einer in diesem Moment auf Deutsch, wandte sich an seinen Nachbarn und fuhr auf Arabisch fort: »Schau dir dieses Häschen an. Sie ist eine Araberin. Ist sie nicht schöner als unsere Schauspielerinnen?«

Es war Hamids Frau, die gerade einen Freier zur Tür geleitete und ihm zum Abschied ein flüchtiges Küsschen gab. Hamid starb schier vor Eifersucht. »Sie nimmt hundertfünfzig, aber sie ist ein Weib, sage ich euch, wie aus Hasenfell, du versinkst in ihr, als hätte sie keine Knochen«, setzte der Ägypter fort. Hamid hörte, wie ihm das Herz in den Ohren pochte.

»Ich habe sie für einen Hunderter bestiegen, obwohl sie zuerst hundertfünfzig wollte«, prahlte der Iraker.

»Wie denn das?«, unterbrach ihn Hamid aufgeregt.

»Sie fragte mich, ob ich ein Araber bin«, antwortete der Mann. »Natürlich bin ich ein Araber«, sagte ich, »siehst du nicht die Schrammen an meiner Eichel? Wir ficken in Arabien alles, was ein Loch hat, auch Steine. Und sie sah meinen Säbel und starb vor Sehnsucht, denn sie liebt nur große Schwänze, und wenn sie besonders von der Sonne gegerbt und vom Sand geschliffen sind, gibt sie fünfzig Euro Nachlass.«

»Mir gegenüber war sie erst arrogant, bis ich den Namen meines Schwagers nannte«, triumphierte der Syrer. Er hatte eine hässliche Narbe, die Augenbraue, Lid und Wange wie eine scharfe Bügelfalte teilte. »Ich habe sie belogen und behauptet, mein Schwager sei General Kan'an, der Chef des syrischen Geheimdienstes im Libanon. Er sei damals der wahre Herr über die Seelen der Libanesen gewesen. Sie zitterte und machte die Beine breit.«

»Das hat sie gemacht, diese Hure?«, fragte Hamid und unterdrückte seinen Zorn.

»Mann, du bist wohl neu hier. Sie sucht täglich nach Arabern, um sie nach den deutschen Häppchen als Hauptgang zu verspeisen«, erwiderte der Ägypter.

»Soweit ich weiß, kann sie Araber nicht ausstehen«, behauptete Hamid. Die drei grölten vor Lachen. Der Syrer schaute den kleinen Hamid verächtlich an und sagte irgendetwas von Zwergen und Eunuchen, was die anderen noch lauter lachen ließ. Hamid verstand kein Wort. In seinen Ohren sauste und rauschte es, so war ihm das Blut zu Kopf gestiegen.

»Wetten wir?«, brüllte er in die Runde, fast heiser vor

Aufregung. Die anderen wurden still. »Wetten wir! Hundert Euro kriegt jeder von euch, wenn er sie besteigt. Scheitert er, kassiere ich einen Hunderter. Einverstanden?«

Lautstark gaben die Männer ihr Einverständnis, und sie hinterlegten die Wettsumme beim Barkeeper.

Der Ägypter, der arroganteste der drei, ging hinaus und redete auf Hamids Frau ein, doch sie winkte ab, verschwand nach einer Weile im Haus und ließ den Araber mitten auf dem Bürgersteig stehen. Mit gesenktem Blick kam er zurückgeschlurft. Hamid bekam den ersten Hunderter und bestellte eine Runde Bier für alle. Sie tranken auf das Wohl des Verlierers. Bald erschien seine Frau wieder am Hoteleingang.

Der Zweite, der Iraker, der angeblich schon Steine begattet hatte, trat wild gestikulierend auf die Straße, von den anderen und vom Bier angefeuert. Hamid zitterte vor Angst, da dieser Mann der schönste der Runde war. Er sah aus wie ein Zwillingsbruder des berühmten Schauspielers Omar Sharif. Sein Blick war verwegen und sein Deutsch perfekt. Er hatte an der Universität Frankfurt studiert und arbeitete seit drei Jahren als Laufbursche für einen großen Drogenbaron aus Kolumbien. Er witzelte eine Weile mit Hamids Frau herum und sie war willig zu plaudern und zu lachen, aber sie wollte nicht mit ihm ins Hotel gehen. Sie lachte immer wieder und schob ihm eine junge, dünne Asiatin zu. Aber der Iraki wies sie zurück. Er zeigte ihr sein pralles Portemonnaie, aber Hamids Frau winkte ab. Bald kehrte der Schönling zurück.

»Nein, sie will nichts von Arabern hören. Du kannst ihm meinen Hunderter geben«, sagte er auf Deutsch zum Wettrichter, der Hamid das Geld aushändigte und sogleich noch eine Runde Bier und fünf Schnäpse brachte. »Der Schnaps ist von mir, das Bier vom Sieger«, rief der Wirt und hob sein Schnapsglas.

Der Syrer sprang nervös auf. »Was seid ihr für Schlappschwänze. Eine Hure ist dazu da, dass sie gefickt wird. Wir haben alle libanesische Frauen flachgelegt«, zischte er und rannte hinaus. Er blieb vor der Frau stehen und sprach sie an, und man sah, wie er sie am Arm packte und ins Haus zog. Hamids Herz raste, doch es dauerte nicht länger als eine Minute und der aufdringliche Freier wurde vom Pförtner wieder auf die Straße befördert. Statt sich geschlagen zu geben, griff er die Frau an. Die beiden anderen kamen ihrem enttäuschten Kumpel zu Hilfe und zerrten die Frau in den Eingang des Hotels. Dort prügelten sie auf den Mann an der Rezeption ein (Hamid nannte ihn mal Pförtner, mal Zuhälter), der sich weigerte, ihnen einen Zimmerschlüssel zu geben.

Sie rissen der Frau die Kleider vom Leib und warfen sie auf ein altes Sofa am Ende des Ganges. Der Ägypter und der Syrer hielten sie fest, während der Iraker versuchte, in sie einzudringen. Die Frau wehrte sich aber wie eine Löwin, sie teilte aus und schrie, biss und trat die Männer.

In diesem Moment tauchte Hamid mit einem Fleischermesser auf, das ihm der Barkeeper gegeben hatte (was der Mann im Polizeiverhör später leugnete). Hamid stach auf die drei ein. Er geriet geradezu in einen Blutrausch und es dauerte nicht lange und die drei Männer hatten Wette und Leben verloren.

Hamid leidet unter großer Einsamkeit, denn niemand findet ein Wort des Mitgefühls für ihn. Auch ich nicht. Doch das hätte er verschmerzt, wenn eine einzige Person seine Tat gutgeheißen hätte: seine Frau. Diese aber hält die Morde für eine große Dummheit. Sie macht ihm Vorwürfe, dass er sie nun in der Fremde im Stich gelassen habe. Und das nagt an ihm. Und die Einsamkeit wiegt schwerer als die zwanzig Jahre, die er bestimmt noch abzusitzen hat.

Vierzehnte E-Mail

Gestern Nacht hat Hamid einen Fieberanfall bekommen und wirres Zeug geredet. Als er anfing zu schreien, habe ich um Hilfe gerufen. Der Wärter hat den Anstaltsarzt alarmiert und dieser hat ihn sofort ins Krankenhaus bringen lassen.

Hamids Abwesenheit ist erholsam für mich. Ich merke, wie ich nun besser lesen, schreiben, essen und schlafen kann. Auch wenn es sich gemein anhört, ich bin froh, dass er nicht mehr da ist. Ich lausche nun nur noch der Stimme meiner Erinnerung.

Er hat ein Magengeschwür, und die Ärzte bemühen sich um ihn. Das habe ich heute Mittag von einem Gefangenen aus Hamburg erfahren, der wegen eines Banküberfalls einsitzt. Merkwürdig, wie rasch sich die Nachrichten hier verbreiten. Der Hamburger, dessen Name ich nicht kenne, hat genau Bescheid gewusst über mich und über Hamid. Er hat mich bei meinem Vornamen genannt und gesagt, dass Hamid gut über mich gesprochen habe. Ich war verlegen. Soll ich das als Lob verstehen? Warum nicht, habe ich gedacht und zugehört.

»Es kann Krebs sein, aber auch einfach eine Entzündung, die sich immer wieder meldet, weil Hamid so voller Unruhe ist«, hat der Hamburger wie ein Fachmann für innere Medizin gesagt. Ein merkwürdiger, großer dürrer Mann, dessen Glieder fahrig hin und her pendeln, sobald er sich in Bewegung setzt.

Und noch etwas hat er erzählt. Zwei Russen säßen seit Neuestem in Haft, aber er glaube ihnen kein Wort. »Die wären doch hinter dem Ural verschwunden und hätten sich nicht brav wie zwei Lämmer verurteilen und hinter Gitter sperren lassen.«

»Weiß Hamid davon?«, habe ich gefragt und begonnen, mich um diesen verrückten Libanesen zu sorgen.

»Natürlich weiß er das. Er ist sogar im Krankenbett bestens vorbereitet auf einen Besuch. Die Russen werden ihr blaues Wunder erleben, wenn sie ihn anfassen«, hat er gesagt und ist davongeschlurft.

Fünfzehnte E-Mail

Hamid ist umgebracht worden. Alexander N. und Nikolai K., wie die Presse sie nennt, waren bezahlte Killer. Ihr Auftraggeber hatte Hamid für die Vereitelung seiner Pläne in Frankfurt verantwortlich gemacht und ihn auf die Abschussliste gesetzt. Doch der kleine Libanese hat instinktiv gewusst, dass er sich auf die Gefängniskontrolle nicht verlassen kann. Er hatte sich eine Pistole besorgt und sie unter seine Decke gelegt. Wie er sie an all den Krankenhaushelfern, Schwestern und Ärzten vorbeigeschmuggelt hat, bleibt sein Geheimnis. Er ist am Magen operiert worden und hatte wegen inneren Blutungen lange liegen müssen. Aber er war auf dem Weg der Besserung gewesen. Und dann sind die beiden Killer in sein Krankenzimmer gekommen. Sie sind mit Messern bewaffnet gewesen. Hamid hat sofort gewusst, wer sie waren, und keine Sekunde gezögert. Den einen hat er abgeknallt, bevor dieser an seinem Bett war, aber Hamid, der Unglücksrabe, hatte wieder Pech. Nach drei Schüssen hat seine Pistole gesperrt. Schwer verletzt hat der zweite Russe den kleinen Libanesen mit bloßen Händen erwürgt und ist dann verblutet.

Sechzehnte E-Mail

Nur noch eine letzte Notiz. Auf dem Weg in die Zelle hat mir der Wärter gerade gesagt, dass ich bald einen Mann aus dem Sudan als Zellengenosse bekomme. Merkwürdig, dass sie uns Ausländer unbedingt zusammenlegen müssen. Ich habe mich genauer nach dem Mann erkundigt. Er sei ein harmloser Arzt und habe sich in einem schlechten Augenblick von der Eifersucht blenden lassen und seine Frau erwürgt.

»Freuen Sie sich doch über einen Landsmann«, hat der Beamte selbstsicher hinzugefügt und die Tür aufgesperrt.

»Ich bin Syrer«, habe ich erwidert. Doch er hat mich nicht verstanden.

»Na und?«, hat er gelacht. »Das ist doch das Gleiche.« Dann hat er die Tür zugeschlossen und ist davongegangen.

Vielleicht hat er recht.

(1995, 2010)

Fantasie der Einsamkeit

Der gesellige Mensch entwickelt im Beisein anderer kaum beachtenswerte Fantasien. Er mag plaudern, andere unterhalten oder auch mit ihnen streiten, eine originelle Kopfgeburt gelingt ihm selten. Nur in der Einsamkeit gebärt die Fantasie ihre unendlichen Welten. Diese Fantasie hilft wie ein Rettungsring vor dem Ertrinken in der mörderischen Stille der Hoffnungslosigkeit. Und so betrachtet ist der gewaltige Schatz der Menschheit an fantastischen Erfindungen, Utopien und Philosophien ein Beweis dafür, dass die Gattung Mensch eine einsame Spezies ist.

Subabe

oder
Wundersames aus der Fremde

Bis zu dem Tag, an dem Subabe starb, mochte ich keine Haustiere. Tiere sind furchtbare Wesen, die einen ständig beobachten und nie etwas sagen. Am allerwenigsten verstehe ich Hundehalter. Aus meiner Heimat kenne ich diese Spezies Mensch auch nicht. In Damaskus laufen alle Hunde frei herum. Sie sind in meinen Augen die schlimmsten Haustiere, die es je gab. Sie tun schweigend so, als wäre alles in Ordnung, in Wahrheit aber verformt sich Tag für Tag das Gesicht des Hundebesitzers und wird dem seines Hundes immer ähnlicher. Man erzählt von einem Fall in England, wo eine Frau zwei Monate lang nicht bemerkte, dass ihr Hund mit ihr frühstückte, Zeitung las, zur Firma ging und Zigarre rauchte, während sich ihr Mann mit Hundefutter unter dem Küchentisch zufriedengab und sich begeistert an der Leine Gassi führen ließ. Erst ein Nachbar entdeckte von seinem Fenster aus die katastrophale Verwechslung. Als er die Frau darauf aufmerksam machte, dass ihr kläffender Gefährte, der gerade die Hündin einer alten Dame beschnupperte, niemand anderer als ihr Mann sei, rief sie entsetzt: »Wenn das mein Mann ist, wer ist dann der Schweinehund oben in der Wohnung?« Und sie eilte hinauf. Was danach passierte, ist eine lange Geschichte, in deren Verlauf Psychiater, Polizisten, Richter, mehrere Verwandte und sogar ein Beerdigungsinstitut auftreten, die zu erzählen hier aber zu weit führen würde. Ich wollte nur sagen, dass für mich Hunde umso gefährlicher sind, je harmloser sie erscheinen. Mir ist ein bissiger, knurrender Dobermann tausendmal lieber als ein kuscheliger winziger Schoßhund. Bei Ersterem weiß man manchmal, was los ist, bei Letzterem nie.

Katzen wiederum sind nicht nur verdächtig einzelgängerisch veranlagt, sie schleichen auf ihren berühmt-berüchtigten samtenen Pfoten auch überallhin und erspähen viele Geheimnisse, die wir gerne für uns behalten hätten. Obendrein sind sie noch schweigsamer als Hunde. Und was am schwersten wiegt: Katzen bleiben nicht auf dem Boden. Ständig zeigen sie uns wortlos auf arroganteste Weise unsere bodenverhaftete Schwere, indem sie mit Leichtigkeit alle drei Dimensionen erobern. So viel zu meiner Abneigung gegen Katzen im Haus.

Nein, wann immer früher das Gespräch auf Haustiere kam, und es kommt in Deutschland jedes fünfte Gespräch auf den Hund, lavierte ich orientalisch um eine Antwort herum und erzählte weitschweifig von meiner Tierliebe, die es mir verbiete, Tiere in Gefangenschaft zu halten. Ich führte Freiheit, Natur und die Tierpsyche als bewährte Argumente gegen jede Art der Tierhaltung ins Feld, doch die Hundebesitzer, wahrscheinlich von den Verkäufern ihrer Lieblinge geschult, wurden nur immer dreister und hartnäckiger in ihren Versuchen, sich zu rechtfertigen. Sprach ich, um mein Gegenüber nicht zu beleidigen, vom Leid der Tiere hinter Zoogittern, so bekam ich zu hören, dass es den Tieren in den europäischen

Zoos und Haushalten hundertmal besser gehe als in freier Wildbahn in jenen südlichen Gefilden, wo man sie quäle und sie, ob Kröte oder Distelfink, zu guter Letzt in den Backofen stecke. Am liebsten wiederholen Deutsche das Bild vom brutalen südländischen Bauern, der erbarmungslos auf seinen Esel eindrischt. Und das Allerschlimmste an diesen Gegenargumenten der Tierhalter ist: Sie stimmen!

Mir blieb nur eine Ausflucht. Ich würde gerne Tiere halten, heuchelte ich, wenn ich bloß öfter zu Hause wäre. Ich sei aber wegen meiner Vortragsreisen nur selten daheim und könne es daher keinem Tier zumuten, die Einsamkeit in meiner Wohnung oder die Schnoddrigkeit einer Nachbarin zu ertragen, wenn ich für ein halbes Jahr verreise. Genüsslich fügte ich hinzu, dass ich in Ludwigshafen einmal einen Nachbarn gehabt hätte, der einem ihm anvertrauten Papagei Katzenfutter zu fressen gab, woraufhin es diesem die Sprache verschlug und er nur noch miaute. Und ich erzählte voller Vergnügen von dem eingefleischten Vegetarier, dem ein Kollege für eine Woche seinen Schäferhund überließ, nicht ahnend, dass das arme Tier nur Haferflocken, Sauerkraut und Tofureste zu fressen bekommen würde.

Diese Rechtfertigung leuchtete jedermann ein, sie hatte nur den Nachteil, dass ich noch mehr Vorträge vereinbaren musste, um meine Glaubwürdigkeit nicht zu verlieren. Die tierliebenden Nachbarn wurden mir gegenüber freundlicher, nicht aber ihre Hunde, die meine Heuchelei durchschauten. Sie blickten mich finster an und sagten nichts.

Wer hätte nach alldem gedacht, dass ich eines Tages ein wahrer Freund von Haustieren werden sollte? Der aber bin ich seit Subabes Tod. Wie es dazu kam, ist eine kleine Geschichte:

Eines Tages im August saß ich auf meinem Balkon. Das Licht blendete mich trotz der Sonnenbrille, die ich trug, und das Wetter war nahöstlich heiß. Ich hatte gerade beschlossen, den Nachmittag mit einer in arabischer Sprache verfassten Sammlung von Kurzgeschichten zu verbringen, die in den Gassen der Altstadt von Damaskus spielten. Vom Kassettenrecorder im Wohnzimmer erklang dazu die sanfte Stimme der Sängerin Feiruz, der besten Sängerin Arabiens, und ich befand mich schon mitten in Damaskus.

Der Winter in Deutschland weckt meine Sehnsucht nach dem Mittelmeer, der Sommer macht sie unerträglich. Doch nach vielen Jahren Exil habe ich ein verlässliches Repertoire von Methoden zur Beruhigung meiner Sehnsucht entwickelt. Und eine Methode ist eben diese, arabische Geschichten zu lesen, während arabische Musik den letzten Rest Deutschland gleichsam verfliegen lässt. Plötzlich verliert dann die Sehnsucht ihre Bitterkeit, löst sich in Tränen auf, und die Seele liegt leicht und erschöpft wie auf weichem Kissen. Danach schlafe ich so tief wie sonst nie, und wenn ich aufwache, ist Damaskus fern, so fern, dass ich es fast vergesse, bis zum nächsten Überfall der Furie Sehnsucht.

Wie gesagt, ich saß auf dem Balkon und las seit vielleicht vier, fünf Minuten. Eben wollte ich zum ersten Mal umblättern, da hörte ich eine leise Stimme: »Nicht so schnell, ich bin noch nicht so weit!« Auf meiner linken Schulter saß eine Arabisch sprechende Fliege. Sie war eine ganz gewöhnliche Stubenfliege. Das mag einen normalen Menschen überraschen, mich, einen orientalischen Erzähler, aber nicht. Ich bin von zu Hause an Wunder gewohnt und habe in meinen fünfundfünfzig Jahren drei große und elf kleine Wunder erlebt. Eine sprechende Fliege kann mich nicht sonderlich überraschen. In den Tagen meines Großvaters konnten in meinem Dorf noch die Bäume sprechen, aber das ist eine andere Geschichte.

»Jetzt umblättern, bitte«, sagte die Fliege, und ich gehorchte und las nur etwas nervös, weil ich nicht gern langsam lese, schon gar nicht, wenn jemand mir auf der Schulter sitzt und, wie damals die Fliege, mit deutlich hörbarem Akzent spricht.

Eine Stunde lang las die Fliege, und ich tat längst nur noch so, als würde ich lesen. Dann sagte sie: »Genug für heute!«, flog eine Schleife zum Kaffeetässchen auf dem Tisch, tauchte ihren Rüssel lange in den Rest von stark gesüßtem Espresso und stöhnte dabei genüsslich. Danach sprachen wir lange über Bücher und Geschichten, und ich erfuhr von Subabe, so hieß die Fliege, dass sie leidenschaftlich gerne Abenteuerromane las.

»Nimm deine Sonnenbrille ab, ich möchte mir deine Augen einprägen«, sagte sie. In jener Zeit schmerzten mir oft die Augen. Jede Art von Licht quälte mich. Doch komischerweise konnte ich sogar in der Wohnung mit der Sonnenbrille lesen. Ich nahm die Brille ab, musste aber die Augen zusammenkneifen.

»Das genügt, danke!«, rief Subabe. Am Abend wollte ich eine Schachtel für sie vorbereiten, damit sie bei mir übernachten konnte, und ich ertappte mich dabei, wie ich etwas Watte hineinlegte. Subabe lachte.

»Lass mich lieber gehen, morgen komme ich wieder«, sagte sie und flog davon.

Erst jetzt merkte ich, dass ich sie gerne mochte. Was für ein Glück! Endlich ein sympathisches Haustier zu haben, das weder stank noch ausgeführt werden musste. Vor allem aber erkannte ich, wie leer meine Wohnung ohne sie war. Nichts, nur mich gab es darin. Seit achtzehn Monaten war Subabe meine erste Besucherin. Mit dem Alter wird der Abstand zu den Menschen größer. Mein nächster Freund lebt dreitausend Kilometer entfernt in Damaskus. Seine Briefe werden immer kürzer. Vielleicht ist er realistischer als ich. In der Moderne sind Diktaturen von noch längerer Haltbarkeit als früher, aber das ist eine andere Geschichte.

Am nächsten Morgen saß sie schon um sechs auf meiner Nase. Ich schlief bei offenem Fenster. Ich tastete nach dem Schalter der Nachttischlampe und schlug das Buch dort auf, wo wir am Vortag aufgehört hatten. »Lies ein bisschen«, sagte ich. »Ich mache noch ein kleines Nickerchen.«

»Ich mag nicht lesen, ich will Milch«, sagte sie sehr bestimmt. Ich knipste das scheußliche Licht aus und schleppte mich in die Küche, wo mich das helle Licht im Kühlschrank schmerzte, und ich beschloss, demnächst zum Augenarzt zu gehen. Ich hatte nur H-Milch als Reserve für Besucher, die jedoch nie kamen. Ich selbst trinke keine Milch.

»H-Milch«, sagte sie leicht pikiert, »kann ich nicht ausstehen. Die schmeckt irgendwie angebrannt.«

Bücher schienen sie nicht mehr zu interessieren, und als ich an jenem Vormittag die Zeitung las, drehte sie ihre Runden im Haus und fragte immer wieder, wann ich endlich fertig sei. Sie wolle gerne auf meiner Schulter reiten und so in verbotene Zonen gelangen, von denen

Fliegengitter sie sonst immer fernhielten. Also ließ ich, etwas verwundert über den plötzlichen Wechsel ihrer Laune, das Lesen sein, nahm sie auf die Schulter und ging in die Stadt. »Wohin darf es sein?«

»Konditorei Glöckner«, sagte sie und schlürfte vernehmlich ihren Speichel vor Gier. Ich aber ging auf ihre Wünsche ein und kaufte alles Mögliche beim Konditor, beim Metzger, im Blumengeschäft und in der Parfümerie. Mir platzte erst der Kragen, als sie unbedingt in die Zoohandlung wollte, weil sie angeblich nach Hasenschweiß lechzte.

»Was soll ich denn da?«

»Stell dich nicht so an! Du brauchst doch nichts zu kaufen. Schau dir währenddessen die Zierfischaquarien an. Die sind doch ganz nett, oder?« Sie kannte Herrn Weiß nicht, der so pfiffig war, dass ich immer kurz vor seinem Geschäft die Straßenseite wechselte, weil er einen sonst höflich grüßend einlud, einen unverbindlichen Blick in seinen Laden zu werfen. Und ich habe von mehreren Bekannten gehört, dass man, bevor man seinen hineingeworfenen Blick zurückbekam, mindestens einen Zwerghasen oder einen Plastikbeutel mit Goldfischen in der Hand trug. Mein Freund Hans wollte seinerzeit aus purer Neugier wissen, wie viel eine Aquariumpumpe kostete; seitdem plagt er sich mit einem nervösen Meerschweinchen.

»Ich gehe nicht hinein. Wenn du unbedingt willst, warte ich auf dich beim Italiener drüben.«

»Gut«, sagte sie und flog an Herrn Weiß vorbei durch die offenstehende Tür.

Ich wechselte die Straßenseite und schaute verstohlen zum Geschäft hinüber. Herr Weiß war jetzt mit zwei alten Damen beschäftigt. Die eine trug bereits einen Katzenkorb, die andere wehrte sich noch zaghaft gegen einen Wellensittich. Ich eilte voller Lust auf eine Pizza zu Giuseppe, der immer freundlich und zu einem Gespräch aufgelegt war.

An jenem Tag scherzte er über meine neue Macke mit der Sonnenbrille, die ich sogar an wolkigen Tagen trug. Er meinte, ich wolle unbedingt wie ein Mafioso aussehen. Ich lachte und erzählte ihm, dass wahrscheinlich meine Bindehaut entzündet sei.

Giuseppe litt auch an Einsamkeit. Seine Frau hatte ihn verlassen. Sie konnte das Leben in Deutschland nicht aushalten. Aber das ist eine andere Geschichte.

Fünf Minuten später sah ich durchs Fenster die zwei alten Damen; die eine trug den Katzenkorb und die andere einen Käfig mit zwei Wellensittichen. Ich lachte zufrieden. Es gibt nichts Schöneres im Leben, als seine Vorurteile bestätigt zu sehen. Eine halbe Stunde später kam Subabe, wollte aber nicht sprechen, da Giuseppe bei mir saß. Es war noch nicht Mittag, und das Lokal war leer. Subabe wollte nichts von Espresso wissen, sondern nippte an meinem Rotwein. Ich beeilte mich zu zahlen, als ich merkte, dass sie langsam betrunken wurde. Statt zu fliegen, rieb sie sich mit den Vorderbeinen die Augen. Ich machte mir ernsthaft Sorgen: Ich kannte Giuseppe viel zu gut, um nicht seinen Schlag mit der Serviette zu fürchten. Oft führte er mir das Kunststück vor, wie er eine Mücke, Fliege oder Wespe sogar im Flug mit einer Stoffserviette herunterholte. Ich zahlte und eilte davon, auf meiner Schulter eine betrunkene Fliege, die nur noch lallte.

Am Kiosk nicht weit von meinem Haus entdeckte ich

dann, was ich am Morgen, abgelenkt von Subabe, offenbar übersehen hatte: Es stand in großen Lettern auf den Titelseiten mehrerer Zeitungen, darunter meiner eigenen: Eine neue Epidemie breitete sich in Europa aus. Angeblich übertrug eine Malaria-Mücke beim Saugen einen mutierten Virus, der sich in der Hirnmasse einnistete und einige Zentren umprogrammierte. Erstes Anzeichen der Erkrankung sei eine Hypersensibilität im Hör- und Sehbereich. Der Ausgang der Krankheit sei unbekannt. Ich nahm Zeitungen mit, die zu lesen ich mich sonst nie herabgelassen hätte.

Zu Hause verzog sich Subabe in eine ferne Ecke, wo sie etwa eine Stunde lang schlief. Danach entschuldigte sie sich und flog davon. Es war bereits später Nachmittag.

Am nächsten Morgen wachte ich um fünf Uhr auf und öffnete erschrocken das Fenster. In der Nacht war es kühl geworden, und ich hatte schlaftrunken das Fenster geschlossen. Ein Albtraum hatte mich wieder geweckt: Subabe schlug verzweifelt gegen das Fensterglas und schrie, und ihr Gesicht war dem eines kleinen Mädchens ähnlich.

Um zehn war Subabe immer noch nicht aufgetaucht, und ich machte mir Sorgen. Ich saß in der Küche und las die Zeitung, und plötzlich war sie da. »Guten Tag«, grüßte sie, doch ihre Stimme klang irgendwie verändert.

»Warum kommst du erst so spät?«

»Was heißt spät? Ich bin zum ersten Mal da«, antwortete sie unschuldig. Mir wurde siedend heiß.

»Bist du nicht Subabe, die mit mir vorgestern gelesen und gestern Wein getrunken hat?«, fragte ich, ihre Antwort fast erahnend.

»Nein, nein. Ich bin heute Morgen geboren worden, und alles, was mir meine Vorfahren mitgegeben haben, ist die Flugroute zu einem friedlichen Ort mit Nahrung und einem großzügigen Zweibeiner, der unsere Sprache versteht. Davon merke ich aber nichts. Gibt es hier nichts zu futtern? Etwas Fleisch?«

Wie benommen ging ich zum Kühlschrank und holte ein Stück Salami heraus. Die Fliege stürzte sich gierig darauf. »Also doch, mein Programm stimmt«, summte sie zufrieden.

»Und wie heißt du?«, fragte ich, obwohl ich mich viel lieber nach dem Verbleib der anderen Fliege erkundigt hätte.

»Subabe, wie alle meine Schwestern, Mütter und Großeltern.«

»Und wie lange lebt eine Fliege wie du?«

»Lange genug, siebenundzwanzig Millionen Flügelschläge lang. Aber ihr werdet das für eine winzige Zeitspanne halten im Vergleich zu eurem ewigen Leben.«

»Aber wie kannst du all das über mich wissen, wenn du erst heute zur Welt gekommen bist?«

»Dadurch, dass ich alles in mir trage, was meine Vorfahren erlebt haben, und mir dazu all das einpräge, was ich selbst erlebe. Ich bin ich, meine Mutter, meine Großmutter und Urgroßmutter, und später werde ich in meiner Tochter, Enkelin und Urenkelin sein. Das seid ihr Menschen nicht, nur wir Fliegen. Da wir schnell leben, ist unsere Seele uns immer voraus. Eure Seele ist faul, sie hechelt hinter euch her.«

»Wie funktioniert das, eine Seele, die voraus ist?«, fragte ich neugierig.

»Das ist so: Sie schwebt siebentausend Flügelschläge

über uns, und von da kommen unser Leben und unsere Erfahrung. Und nur weil du schon mit meiner Mutter und Großmutter befreundet warst, verrate ich dir die einzige Stelle, an der wir verwundbar sind. Da, wo unsere Seele ist, kann man uns tödlich treffen.« Ein Schreck durchfuhr mich. Auch heute noch weiß ich nicht, warum, vielleicht in Vorahnung meines zukünftigen Verrats.

»Wie hoch sind siebentausend Flügelschläge? Ich meine, wo genau schwebt deine Seele?«

»Halte deine Hand über mich, und sobald sie meine Seele berührt, sage ich dir Bescheid«, antwortete Subabe von ihrem Platz vor mir auf dem Tisch. Ich hob die Hand und senkte sie, bis sie etwa fünfundzwanzig Zentimeter über der Fliege war.

»Da!«, rief Subabe.

Von nun an hatte meine Wohnung eine Seelenzone für Subabe, eine unsichtbare Fläche, die sich fünfundzwanzig Zentimeter über allen Gegenständen durch die ganze Wohnung zog. Es brauchte ein paar Tage, dann war diese Zone für mich fast sichtbar, und ich konnte mich, wenn Subabe – welche Enkelin auch immer – mit Essen, Trinken oder Putzen beschäftigt war, an sie heranschleichen und ihre Seele kitzeln, und Subabe erschrak ein wenig und lachte vergnügt. Doch eines Tages spürte sie meine Hand nicht, obwohl ich ihre Seele kitzelte, ja, sogar kratzte und zwickte. Zweifel quälten mich, ob ich vielleicht ein Opfer jenes merkwürdigen Virus geworden war, der mir in meinem angegriffenen Gehirn Gespräche mit Fliegen über Seelenzonen vorgaukelte. Zu meiner Angst trug nicht unerheblich der immer schlimmer werdende Zustand meiner Augen bei. Ich konnte kein Licht mehr in der Wohnung machen, doch was mich vom Arzt fernhielt, war die erstaunliche Schärfe, mit der ich plötzlich im Dunkeln sehen konnte.

Ich machte einen zaghaften Vorstoß bei meinem Freund Mahmud, einem palästinensischen Arzt: Ich erzählte ihm, mir sei jemand bekannt, der von einem Tag auf den anderen die Sprache der Fliegen verstünde. »Dem würde ich erst einmal ein paar Wochen Urlaub empfehlen, und wenn das nicht hilft, einen Psychiater«, sagte er gereizt.

Ich weiß nicht mehr, warum ich ihm die Höhe der Seelenzone der Fliegen verraten habe; vielleicht wollte ich ihn nur als Verbündeten gewinnen. Er durchschaute mein naives Versteckspiel und lachte hysterisch. »Pass auf, dass deine Wohnung nicht auch noch Flugverbotszonen bekommt«, scherzte er und ließ mich nicht weiter über Subabe sprechen. Nein, er wisse, dass Tiere miteinander sprächen, aber alle Versuche, Tiere dazu zu bringen, mit Menschen zu sprechen, seien seines Wissens gescheitert.

Subabe wurde zu einer Wunde in unserer Freundschaft, und von Besuch zu Besuch schmerzte diese Wunde mehr, zumal Mahmud seinen Hohn auf meine Manie mit der Sonnenbrille ausdehnte. Als er mir empfahl, ich solle einen Psychiater aufsuchen, hätte ich ihn beinahe geohrfeigt, doch in diesem Augenblick kam Subabe hereingeflogen. Sie landete ahnungslos auf dem Tisch zwischen uns. Mahmud schaute sie an, dann mich, und bevor ich irgendetwas unternehmen konnte, zielte er auf einen Punkt in der Luft, etwa fünfundzwanzig Zentimeter über der Fliege, und klatschte blitzschnell in die Hände. Subabes Seele war tödlich getroffen, und sie lag da, unverletzt, aber tot. Mahmud verschlug es die Sprache. Er schaute mich mit geweiteten Augen an und ging freundlicherweise von allein und für immer. Ich verfluchte meinen Verrat.

Seit diesem Tag kommen nur noch selten Fliegen zu mir, und wenn sich einmal eine in meine Nähe verirrt, so bleibt sie stumm.

(1994)

Eine harmlose Lesung

Diese Geschichte sollte eine von zwölf Geschichten über die wundersamen Erlebnisse eines Fremden in deutschen Städten werden. Das Manuskript trug den Arbeitstitel »Als Nomade in Deutschland«, doch er gefiel mir nicht so recht, weil er nach soziologischer Feldforschung klang. Für einen guten endgültigen Titel blieb mir noch Zeit, nicht aber für den Text über meine Erlebnisse in der Stadt Braunschweig.

Der Verlag bat um Eile. Die anderen elf Geschichten waren bereits im Computer gespeichert. Ich hatte genug über Braunschweig recherchiert, wollte aber erst anfangen zu schreiben, nachdem ich Anfang Juni 1994 diese eine Lesung in der Stadt gehalten hatte. Ich plante eine Art poetischen Vergleich zwischen meiner kindlichen Vorstellung und meinem persönlichen Eindruck von Braunschweig. Ich hatte nämlich bereits als Kind meine feste Vorstellung von Braunschweig.

Aber es kam anders.

Die Frage, die mancher Freund erstaunt stellte, war für mich keine: Warum Braunschweig?

Warum nicht?

Niemand fragte, warum ich eine Geschichte über Hamburg, Heidelberg, Frankfurt oder Berlin schreibe. Aber Tübingen? Braunschweig?

Ja, Tübingen und vor allem Braunschweig.

Nicht nur weil ich als Naturwissenschaftler Gauß achte und als Diktaturgegner Minna Faßhauer bewundere. Und auch nicht nur weil ich hier gute Bekannte und Freunde habe.

Nein, meine Beziehung zu Braunschweig begann viel früher...

Als ich etwa sieben Jahre alt war, hörte mein Vater auf, Violine zu spielen, nachdem er vergeblich versucht hatte, die Geheimnisse der Töne, der Melodie und des Rhythmus zu entschlüsseln. Auch war er als Bäcker viel zu müde, um mit schwieligen Fingern noch sauber Violine zu spielen. Er liebte aber sein Instrument, das er von einem Deutschen gekauft hatte, der in den dreißiger Jahren im Orient geläutert worden war und dort in ein Kloster ging. Seine Pistole kaufte ein Nachbar. Mein Vater, der nur über rudimentäre Kenntnisse von Musik verfügte, liebte die Violine wegen ihrer Form und ihres schönen Holzes.

Er bemühte sich geduldig fünf Jahre lang bei einem in Damaskus ansässigen österreichischen Misanthropen. Ich meinerseits hielt es später beim selben Lehrer nicht einmal ein Jahr aus. Eine Ohrfeige traf mich und wir trennten uns für immer.

Mein Vater kehrte zu seiner alten Leidenschaft, dem Bücherlesen, zurück, hoffte aber insgeheim, einer von uns würde eines Tages aus der Violine solche Melodien hervorzaubern wie die, denen er nachts im Radio, in der Klassikstunde irgendeines fernen Senders, lauschte. Erst als wir alle ihn enttäuscht hatten, schenkte er die Violine einem fernen Cousin, der in Paris Musik studierte.

Verkaufen wollte er das seltene Stück nie.

Mein Vater wusste, dass Carl Rautmann in Braunschweig ansässig ist, und er wiederholte: »Die Braun-

schweiger können gute Geigen bauen. Das muss man ihnen lassen.«

Und ich stellte mir in meiner kindlichen Fantasie vor, wie die Braunschweiger in langen Gassen saßen und Tag und Nacht damit beschäftigt waren, Violinen herzustellen.

Mein Friseur schwärmte von der Solinger Schere, und er wiederholte das Wort »rostfrei«, als wäre es die Marke. »Die Solinger und die Scheren, das gehört zusammen.« Und so saßen die Solinger in meiner Fantasie Schulter an Schulter und schliffen Scheren.

Unser Nachbar, dessen Schwester in Hamburg lebte, bewunderte dagegen die deutsche Post. Er habe jahrelang Briefe an seine Schwester falsch adressiert und sie seien trotzdem angekommen. In Damaskus kommen sogar die richtig adressierten Briefe nicht an. In meiner Fantasie standen die Hamburger vor ihren Haustüren und berieten sich engagiert und Pfeife rauchend mit dem Postboten, wem die falsch adressierten Briefe gehören könnten, und nach jeder richtig erratenen Adresse tranken sie ein Bier zusammen. Das mit dem Bier wusste ich von einem anderen Nachbarn, der als Laufbursche in der deutschen Botschaft arbeitete. »Die Deutschen erfinden Anlässe, um Bier zu trinken«, sagte er, machte immer eine lange bedeutende Pause und rief dann: »Fassweise!«

All diese Erinnerungen hatte ich bereits aufgeschrieben, und nun wollte ich nach meiner Lesung meine Erlebnisse in der Stadt mit diesen Erinnerungen vergleichen. Der Titel sollte in etwa heißen: »Vaters Violine, Braunschweig und ich«.

Für mich stand es fest: Die dritte von zwölf Geschichten gehört Braunschweig, und als ich entdeckte, dass die

Stadt im Mittelalter neben Paris und Gent eine der drei rebellischsten europäischen Städte war, beschloss ich, nur eine Antwort auf die Frage zu geben, warum Braunschweig: Geschichte lesen oder Violine spielen.

Doch aus dem Buch wurde nichts.

Nach meiner Lesung in Braunschweig, von der ich noch berichten werde, fuhr ich nach Hannover, Hamburg, dann nach Bremen, Osnabrück und Marburg. Dort endete meine Tournee im Jahr 1994 nach hundertzwanzig Lesungen.

Meinen Plan aber schmiss ich – eine Nacht nach der Lesung in Braunschweig – um. Ich wollte nicht mehr über Violinen, sondern über eine wundersame Begegnung mit dem Teufel schreiben und von der einmaligen Erfahrung berichten, was Liebe bewirken kann.

Bereits in Hamburg war die Skizze fertig. In Bremen schrieb ich den ersten Entwurf und in Osnabrück schliff ich das Ganze noch einmal und übertrug die saubere Endfassung in ein großes Ringheft. Damals schrieb ich unterwegs mit der Hand. Es waren vier dicht beschriebene Seiten, die ich sofort in den Computer geben wollte, sobald ich daheim wäre.

Aber in Marburg wartete eine Hiobsbotschaft auf mich. Durch einen Wasserrohrbruch war mein Computer völlig zerstört.

Ich bemühte mich, im ausverkauften Theater eine anständige Lesung zu halten. Das habe ich früh gelernt: Das Publikum hat ein Recht auf eine wunderbare Lesung, und schlecht gelaunte Autoren sind fehl am Platz, da das Publikum weder Ehefrau noch Therapeut ist.

Literatur ohne Leser oder Zuhörer existiert nicht. In meinem Fall wiegt die Verpflichtung noch schwerer.

Mein Publikum hat mich jahrzehntelang mit unendlicher Treue gegen die Ignoranz der Medien geschützt und mir damit ermöglicht, dass ich weiter schreiben konnte.

Alle Computer der Welt sind es nicht wert, schlechte Laune zu haben, sagte ich mir und stieg auf die Bühne. Der Beifall des Publikums vertrieb den letzten Hauch Traurigkeit aus meinem Herzen.

Zuhause war die Wirklichkeit bitterer, als man mir am Telefon hatte beschreiben können. Alle Wände, die Bücherregale, die Bücher der untersten Fächer (die edelsten Foto- und Kunstbände) meiner Bibliothek, die Stereoanlage, mein Computer und alle Sicherheitsdisketten waren zerstört oder in Mitleidenschaft gezogen.

Selbst ein Experte konnte damals nichts retten. Ich teilte dem Verleger mit, dass das Projekt buchstäblich ins Wasser gefallen sei, und begann mein Zimmer zu renovieren. Gott sei Dank war es Sommer und bald strahlte das Ganze in der Farbe des Vergessens: Weiß.

Der Verleger tröstete mich, ich würde bestimmt bald alles aus dem Gedächtnis rekonstruieren können, aber es gelang mir nicht, auch nur eine einzige Geschichte wieder aufzuschreiben.

In meinem Ringheft aber ruhte einsam die Braunschweiger Geschichte, von Sommer 1994 bis heute.

Und merkwürdig, als ich sie vor einem Monat erneut in die Hand nahm und las, ergriff mich so etwas wie eine Vision. Waren der Wasserrohrbruch und die Zerstörung des Computers eine weitere böse Rache des Iblisos Braun?

Hat er mich nicht am Ende bedroht? Hatte ich das nicht unmittelbar danach im Wortlaut aufgeschrieben?

Ich las die Drohung wieder und wieder. Mir stockte der Atem, aber eine sichere Antwort fand ich nicht.

Hier nun ist die gerettete Geschichte aus dem Ringbuch ...

Die Fahrt nach Braunschweig verlief problemlos. Die Züge hatten keine Verspätung. Ich hatte noch fünf Stunden Zeit bis zur Lesung. Schnell verstaute ich meine Kleider im Schrank, warf einen Blick aus dem Fenster auf den bronzenen Löwen auf dem Burgplatz und ging pfeifend die Treppe hinunter.

»Herr Schami! Eine Nachricht für Sie«, rief der Mann an der Rezeption und lächelte routiniert und leer.

»Bitte ruf mich an! Iblisos Braun«, stand auf dem kleinen Zettel, daneben eine Telefonnummer.

Warum ich tat, was ich in den nächsten Stunden getan habe, ist mir bis heute ein Rätsel.

Ich rief an. Ein Höllenlärm und dann eine Stimme, die mich gefrieren ließ. Sie hörte sich an wie das Kratzen eines Messers auf einer Glasscheibe: »Sehr nett, dass du anrufst. Könntest du mir bitte helfen? Ich werde dich reichlich belohnen.«

»Wenn ich kann, gerne«, sagte ich aus Höflichkeit.

»Komm schnell, bitte!«

Ich verstand nichts. Wer war das? Wo sollten wir uns treffen?

»Im Lokal ›Zu den vier Leichen‹, beim Elvis«, sagte er. Als ich entsetzt »Wo, bitte?« in den Hörer rief, lachte er. »›Zu den vier Linden‹«, antwortete er gekünstelt vornehm. Ihm genüge eine halbe Stunde, um mir seine Bitte vorzutragen.

»Aber nicht mit dem ›Lindenhof‹ in der Kasernenstraße verwechseln«, fügte er hinzu, »dort tafelt zur Stunde der niedersächsische Ministerpräsident mit seinen Künstlern und Professoren, und bei jeder Lachsalve kriege ich Zahnschmerzen.«

Das Lokal befand sich in der Wiesenstraße, im östlichen Ringgebiet, ein schöner Stadtteil, Gründerzeit und Jugendstil.

Es war voll und erinnerte mich an so manche Intellektuellenkneipe in Süddeutschland. Hinten in einer dunklen Ecke winkte ein hässliches Männlein. Es grinste mich süffisant an. Die Ecke roch nach Schwefel und faulen Eiern.

»Ich höre«, sagte ich und bestellte Wasser. Ich trinke nie Alkohol vor Lesungen, weil ich mein Gedächtnis zu hundert und nicht zu neunundneunzig Prozent beanspruche.

Weder der mitleidige Blick christlicher Erziehung noch meine Kurzsichtigkeit konnte seine Hässlichkeit mildern. Es stimmte gar nichts an ihm. Gerne würde ich ihn beschreiben, würde eine detailgetreue Beschreibung nicht wie eine schlechte Karikatur wirken. Nur seine Augen waren nicht zum Lachen: Sie waren klein, kalt und böse.

Er erzählte mir eine tragische und reichlich wirre Geschichte. Er sei die Frucht einer verbotenen Liebe zwischen einem Teufel niedrigen Ranges, einem Laufburschen der Hölle, und einer schönen Prostituierten aus der Bruchstraße.

Sein Vater gab ihm den Vornamen Iblisos, seine Mutter ihren Familiennamen Braun.

Er pendelte als junger Teufel zwischen Hölle und Erden, bis er eine Todsünde beging. Er verführte die schöne Serenada, Ehefrau des mächtigsten, aber vergreisten Satans. Er wurde dafür nach Braunschweig exiliert und zum ewigen Leben als Teufel in der Hülle eines Menschen verdammt. Er sei gerade 364 Jahre alt geworden. Seine menschliche Hälfte könne erst sterben, wenn er seine Geliebte anfasse.

Er durfte Braunschweig nun nicht mehr verlassen, doch er wollte unbedingt nach Rom, denn dort wird Serenada in der leeren Gruft eines ermordeten Papstes festgehalten. Erst in ihren Armen wird sich seine teuflische Hälfte von ihrer schäbigen Menschenhülle befreien und mit der Geliebten ewig vereint bleiben. Verzweifelt hat er versucht, die Wache zu überlisten, doch immer wieder wurde er von den Wächtern der Unterwelt verhaftet und gequält. Nun erfuhr er durch Zufall, dass die unsichtbare Kontrolle der Geister in Braunschweig eine Schwäche für Stimmen aus dem Orient hat. Ein Mitgefangener sei durch die geliehene Stimme eines persischen Teppichhändlers entkommen.

Iblisos habe mehrere Radiosendungen mit meiner Stimme gehört und sei nun überzeugt, genau sie könne ihn retten. Die Kontrolldämonen bekamen von ihrem Höllenmeister Satan ein teuflisches Gehör. Sie erkannten alle Verurteilten an ihrer krächzenden Stimme.

Ich solle keine Angst haben. Wie der Teppichhändler würde ich lediglich drei Tage stumm bleiben, und dann wäre er in Rom. Danach würde er zu mir kommen, meine Stimme zurückbringen und mir mein Gewicht in Gold schenken. »Gesegnetes Gold aus dem Vatikanschatz«, schloss er und grinste. Er schlürfte laut seinen Speichel, der ihm bereits aus dem Mundwinkel floss. Dabei entblößte er Zähne, die man besser nicht beschreiben sollte.

Alles klang etwas überladen und übertrieben wie die Geschichte eines Anfängers. Ich hätte lachen können, oder einfach aufstehen, mich höflich verabschieden und gehen, doch er begann – als könnte er Gedanken lesen – bitterlich über die Schönheit seiner Geliebten zu weinen, so dass mein Hand gegen meinen Willen seinen Arm streichelte. Und ich tröstete ihn, aber er weinte und wollte nicht aufhören.

Doch sosehr ich Mitleid fühlte, ich konnte ihm nicht helfen.

»Warum ich?«, fragte ich, worauf er böse mit dem Zeigefinger auf einen Mann zeigte, und der Rentner, der eben noch mit seiner Frau in ein Gespräch vertieft war, begann einen frivolen Bauchtanz aufzuführen.

Iblisos Braun zeigte nun auf einen anderen vornehmen Mann, und dieser stand auf und begann seinen Kopf gegen die Wand zu schlagen und wirr zu schreien.

Das Männlein schien über einige Zauberkünste und über Macht zu verfügen. Aber er gab maßlos an. Er habe damals den Dom gerettet und die Bomberpiloten blind gemacht.

»Und warum rettet ein Teufelsmischling einen christlichen Dom?«

»Da sieht man's. Du bist nicht informiert. Der Dom war damals unter Hitler keiner mehr. Er wurde von den Nazis zur ›nationalen Weihestätte‹ umfunktioniert. Alles Christliche wurde entfernt. Da die Nazis mir massenweise ihre Seelen schenkten, versprach ich ihnen, diesen Bau und das Grab ihres geliebten Heinrich zu schützen. Ich legte meinen Mantel darauf. Braunschweig wurde zu neunzig Prozent zerstört, aber der Dom blieb unversehrt. Lediglich das Gewölbe der nördlichen Vorhalle wurde einmal getroffen, als der starke Wind meinen Mantel für einen Augenblick lüpfte.«

Ich warf einen Blick auf die Uhr: »Ich muss leider gehen.«

»Und deine Stimme?«

»Die brauche ich noch ein paar Jahre.«

Er packte mich blitzschnell am Kragen: »Nur deine Stimme kann mich retten. Ich hätte dich getötet, aber die Liebe deiner Mutter hat dich ummantelt. Ich kann dir aber das Leben in Braunschweig so zur Hölle machen, dass du den Tag verfluchst, an dem du die Stadt betreten hast.«

Das mit dem Liebesmantel meiner Mutter hätte mir gefallen, wäre es nicht aus seinem Munde gekommen.

»Lass los«, fauchte ich ihn an. Ich konnte seinen Mundgeruch kaum noch ertragen. Er lockerte seine Finger langsam. »Solltest du bis heute Abend deine Meinung nicht geändert haben...«, zischte er. Ich hörte nicht mehr zu.

Es herrschten sommerliche Temperaturen. Die Lesung war im Botanischen Garten unter der malerischen Süntelbuche angesetzt. Vierhundert Leute saßen erwartungsvoll auf ihren Plätzen. Ich begann zu erzählen und das Publikum reagierte sensibel, und bald vergaß ich das Geschehen am Nachmittag und wanderte mit meinen Figuren in den Gassen der Altstadt von Damaskus umher.

Plötzlich erschien das Männlein in der letzten Reihe, dort, wo Ekert S., seine Frau Birgit, die Frauen vom »Bücherwurm« und die Gebrüder Thomas und Joachim W. von der Buchhandlung Graff standen.

»Und der Himmel in Damaskus war damals beinahe so blau wie hier über Braunschweig«, sagte ich gerade, und einige lachten. Iblisos Braun wurde rot und zeigte mit der rechten Hand steif gen Himmel. Seine Lippen bebten. Plötzlich wehte eine starke Bö. Dunkle Wolken nahmen über uns Platz.

Zwei Minuten später begann es zu regnen. Und nun erlebte ich die Überraschung meines Lebens. Die Braunschweiger blieben sitzen. Sie ignorierten den Regen und lachten wie fröhliche Kinder. Einige, die aus reiner Gewohnheit ihre Schirme mitgebracht hatten, machten sie auf. Aber alle, ob beschirmt oder nicht, spendeten mir tosenden Beifall, um damit zu vermitteln, dass sie weiter zuhören wollten.

Ich erzählte, fast zu Tränen gerührt, so gut wie noch nie. Ich, dessen Heimat ihn ausgespuckt hatte, finde hier, im angeblich kalten Norden, eine solche Liebe. Und diese Liebe war es, die bald einen unsichtbaren, aber mächtigen Schirm aufspannte, mit dem sie die Wolken zur Seite schob.

Der Himmel klarte auf und die Sonne tauchte den Horizont wieder in ihr Licht. Ich zeigte dem Männlein unauffällig meinen Stinkefinger. Er stand entkräftet und wie verschrumpelt abseits.

»Aber noch bevor du dein Haus betrittst, wird dich meine Strafe ereilen. Verbündete habe ich überall...«, fauchte er mich von der Seite an. Schwefel und faule Eier stanken aus seinem Mund, während ich ein Buch signierte.

»Braun, schweig!!!«, erwiderte ich mit nassen Haaren und hüpfendem Herzen.

(2006)

Der letzte Zettel

Gertrud, meine alte Nachbarin in Heidelberg, hatte mir die Kiste auf dem Sterbebett vererbt. Sie war lange mit einem indischen Zauberer verheiratet gewesen.

Als dieser sich eines Tages vor den Augen seines Publikums in einen Affen verwandelt hatte, tobten die Zuschauer. Es war mitten auf der Straße unter dem staubigen Himmel von Kalkutta – ohne doppelten Boden und schwarze Vorhänge. Ein Busfahrer, der die Verwandlung miterlebte, fuhr mit seinem Bus gegen eine große Laterne, zwölf Taxis verkeilten sich hoffnungslos ineinander.

Der Affe erschrak und der Zauberer im Affen vergaß die Rückkehrformel. Abends hüpfte er fast erschöpft vor Müdigkeit durch das Fenster der Küche. Gertrud sah ihm in die Augen und wusste, wer er war. Sie weinte dreißig Nächte, doch als alle Mittel nicht halfen, verschwand der Affe, der ihre Trauer nicht mehr ertragen konnte. Er hinterließ ihr diese Kiste.

Jedenfalls kehrte Gertrud nach dreißig Jahren mit exotischem Schmuck, bunten Tüchern und Kleidern und ebendieser Kiste zurück.

Die Kiste war nicht größer als ein Schuhkarton und sah seltsam aus. Ihre rote Farbe war längst verblichen und an mehreren Stellen abgeblättert. Auch Reste einer exotischen Schrift konnte man noch erkennen.

Als ich sie eines Tages fragte, was in der Kiste sei, sagte sie: »Mein Fernrohr in die Zukunft.« Sie sagte das so gelassen, als wäre dieses merkwürdige Rohr Thymian oder Zimt. Ich unterdrückte ein Lachen. Die Nachbarn lachten oft über die schrullige alte Dame, aber ich liebte sie und wusste, dass sie sehr verletzlich war.

»Und kann ich mal reinschauen«, fragte ich.

»Selbstverständlich«, antwortete sie.

Ich öffnete die Kiste. Sie war voller Zettel. Ich nahm einen heraus. Oben rechts in der Ecke stand mein Name und darunter war geschrieben, was mir in den nächsten Wochen und Monaten passieren sollte. Während ich las, fragte ich mich, ob das ein Trick war. Sie hat wahrscheinlich meine neugierigen Blicke bemerkt und die Zettel vorbereitet, dachte ich. Von einem Autounfall war die Rede und von einem Stipendium und einer unglücklichen Trennung. Die Prophezeiungen erinnerten mich an das harmlose Kaffeesatzlesen der Frauen in meiner Damaszener Gasse. Ich lachte. Gertrud verzog das Gesicht. Ihr Blick brannte auf meiner Haut. »Erst wenn alles eingetroffen ist, darfst du mich wieder besuchen«, sagte sie und schickte mich weg.

Ich musste mich bald entschuldigen. Den Autounfall hatte ich überlebt, das Stipendium bekommen und eine Liebe, die für die Ewigkeit gedacht war, hatte eine kurze Halbwertszeit.

Und wie gesagt schenkte Gertrud mir die Kiste, kurz bevor sie starb. Ich wurde bald süchtig und las im Voraus, was mir passieren würde. So war ich immer ein bisschen besser vorbereitet als die anderen, die von ihrem Schicksal keine Ahnung hatten. Verändern oder gar umkehren konnte ich die Ereignisse allerdings nicht.

Aber bald wurde mir das Leben langweilig. Jedwede Spannung ging verloren. Ich versteckte die Kiste auf dem Dachboden und wollte sie nie wieder öffnen. Und plötzlich war das Leben wieder interessant, voller Überraschungen, Glücksmomente und Fallgruben.

Als ich im Jahre 2003 eine furchtbare Diagnose erhielt, Leukämie, konnte ich nicht schlafen und fühlte mich wieder einmal zur Kiste hingezogen. Wie hypnotisiert suchte ich das »Fernrohr in die Zukunft« auf dem Dachboden. Mit zitternden Fingern öffnete ich den Deckel. Ich musste vor Freude weinen. Falsche Diagnose, einmaliger Urlaub, Roman abgeschlossen, Erfolg und positive Zukunftsperspektiven, las ich. Ich schloss die Kiste und suchte den Arzt auf. Wortreich entschuldigte er sich für den Irrtum. Ich genoss den Urlaub und beendete den schwierigen Roman, der allen Unkenrufen zum Trotz – mit tausend Seiten zu sperrig und bisweilen zu hart – ein Riesenerfolg wurde. Die Kiste und ich hatten das im Voraus gewusst.

Doch danach legte ich sie dankbar in eine Ecke auf dem Dachboden und flüsterte ihr fast hämisch zu: »Bis zur nächsten Diagnose!«

Das Leben draußen mit seinen Unsicherheiten reizte mich. »Sicher werde ich erst sein, wenn ich selbst in einer Kiste liege, und dafür ist es noch zu früh.«

Für etliche Jahre vergaß ich die Kiste, aber vor Kurzem räumte ich den Dachboden auf, und da lag sie in der Ecke, verblichen rot. Aus Neugier machte ich sie auf. Ein einziger Zettel lag darin, auf dem in hastiger Schrift geschrieben stand: Hoffnung.

Seitdem rätsele ich, was damit gemeint ist.

(2010)

Gottes erster Kriminalfall

Zu Zeiten, als auch noch andere Götter um die Herrschaft im Universum rangen, war das Leben zwar schwer und gefährlich, doch gleichzeitig auch voller Spannung. Dann aber siegte der Mächtigste aller Mächtigen. Und da ein Sieger stets die starken Eigenschaften des Besiegten in sich aufnimmt, vereinte der Allmächtige das höchste Maß aller Omnipotenz in sich.

Keine andere Gottheit konnte mehr neben ihm existieren.

Die Freude darüber aber war von kurzer Dauer. Einsamkeit und Langeweile machten sich breit.

Und so begann Gott, den unendlichen Raum zu füllen. Was er dachte, was er sagte – wurde.

Er schuf Milliarden von unsichtbaren Teilchen, doch bald verlangten seine Augen nach Abwechslung. Und so beschloss er, die Teilchen zu Materie zusammenzufügen. Unzählige Varianten entstanden und füllten bald das Universum. Die Unendlichkeit des Alls war Ausdruck seiner Unendlichkeit.

Und die Präzision, mit der Gott seine Ideen ausformte, war unbegreiflich. Auf ein billionstel Mikrometer genau setzte er Sterne, Planeten und Trabanten, Atome, Neutronen, Protonen und Elektronen zu Systemen zusammen, die sein Selbst reflektierten. Eine Kraft im Zentrum und Trabanten, die sie anbetend umkreisen. Nichts wurde dem Zufall überlassen, und nichts konnte sich ohne das Wort Gottes ereignen, denn am Anfang aller Dinge war sein Wort.

Bald aber hatte das Gegenständliche seine Faszination eingebüßt, und so nahm die Idee Gestalt an, dass Leben und Bewegung etwas mehr Spannung bringen könnten.

Mit einem Handstreich schuf er inmitten einer Ansammlung von Planeten den Stern der pulsierenden Rohre. Auch die Planeten waren Rohre, kleine und große, heiße und kalte, auf denen es wiederum kleinere und größere Rohre gab. In ihnen pulsierte eine der einfachsten Formen des Lebens. Die Rohre atmeten ein energiereiches Gas ein, wuchsen vorne und starben hinten ab. Ihre Kadaver verwandelten sich augenblicklich in das Gas, das sie einatmeten.

Nach einer Weile gähnte Gott bei diesem milliardenfach sich wiederholenden Prozess. Alsbald schuf er den Stern der sich gegenseitig fressenden Kugeln. Planeten drehten sich um ein schwarzes Loch. Ihre Fliehkraft war haargenau so groß wie die Anziehungskraft, die das schwarze Loch auf sie ausübte. Auf den Planeten rollten Kugeln ziellos in der Gegend herum, und wenn zwei Kugeln zusammenstießen, fraß die kleine Kugel die große und wuchs um deren Volumen, und als Nächstes wurde sie selbst von einer kleineren gefressen. Jede Kugel konnte nur so lange wachsen, bis sie größer als der sie tragende Planet wurde, dann fraß der Planet sie auf, und aus einem Vulkan streute er Millionen von neuen winzigen Kugeln, die wiederum ziellos herumrollten.

Alles geschah ohne Freude, ohne Trauer.

Zwar fand Gott den Stern der sich gegenseitig fressenden Kugeln interessanter als den Stern der pulsierenden Rohre, aber nach einer Weile langweilte ihn auch dieser.

Milliarden von Sonnen und Planeten schuf Gott, um seine Einsamkeit immer wieder für eine kurze Weile zu besiegen. Seine Seele aber sehnte sich nach mehr, nach etwas, das es noch nicht gab.

Und so schuf er eines Tages unser Sonnensystem. Doch die Sonne war zunächst eine dunkle Masse. *Auf der Erde war es noch wüst und unheimlich: Es war finster, und Wasserfluten bedeckten alles. Über dem Wasser schwebte der Geist Gottes.*

Da drehte er sich zum Zentrum und befahl der Sonne zu glühen: »*Licht soll aufstrahlen!*«, *und Es wurde hell. Gott hatte Freude am Licht; denn es war gut.* Er befahl der Erde und den anderen Planeten, im Kreis um die Sonne zu gehen und sich gleichzeitig um die eigene Achse zu drehen. Damit trennte er die Jahreszeiten voneinander und den Tag von der Nacht.

Es war purer Zufall, dass Gott dann sein besonderes Augenmerk auf die Erde richtete. Er gab ihr eine Gashülle und schuf Vertiefungen. *Das Wasser auf der Erde soll sich sammeln, damit das Land sichtbar wird. So geschah es, und Gott hatte Freude daran.*

Am nächsten Morgen gefiel ihm die Erde nicht mehr, so kahl wie sie war, und er fand, dass Grün am besten zu Blau passt. Er befahl: »*Die Erde soll grün werden, alle Arten von Pflanzen und Bäume sollen darauf wachsen und Samen und Früchte tragen!*«

Er fuhr fort und die Erde verwandelte sich unter seinen Händen zu einem Kunstwerk.

Welches Element soll nun das Leben tragen?, überlegte er und rief am fünften Tag: »*Im Wasser soll sich Le-*

ben regen.« Bald ließ er auch bunte Vögel durch die Luft fliegen, er segnete Meerestiere und Vögel und sagte zu ihnen: *»Vermehrt euch.«*

Und das taten sie.

Seine Freude war unermesslich. Den ganzen Tag über sah er den Fischen im Wasser und den Vögeln in der Luft zu, und weil ihm das gefiel, forderte er weiter: *»Die Erde soll Leben hervorbringen: Vieh, wilde Tiere und alles, was auf dem Boden kriecht!«*

Und immer länger blieb Gott bei dieser Weltkugel, denn nun wurde es interessant. Die Erde brachte die exotischsten Tierformen hervor und Gott brauchte eine Zeit, bis er alles betrachtet hatte. Er war überglücklich, doch das, was er suchte, das, was seine Seele hätte befriedigen können, war noch immer nicht da.

»Ich bin dem Ziel einen Schritt näher, aber noch bin ich nicht angekommen«, sagte sich Gott, der Herr. Alle Tiere fraßen, vermehrten sich und starben. Doch sie erzeugten nichts außer ihresgleichen.

»Vielleicht sollte das nächste Geschöpf«, sprach Gott zu sich, »zwischen den Tieren und mir stehen. Es sollte wie die Tiere leben und wie die Götter denken, und es sollte mehr tun, als sich nur zu reproduzieren.«

Gott schuf die Menschen.

Adam und Eva lebten glücklich im Paradies, und der Garten Eden war ein Dschungel unglaublichen Ausmaßes. Zum ersten Mal spürte Gott eine knisternde Spannung, wenn einer der beiden Sehnsucht nach dem anderen hatte und ihn suchte. Manchmal half Gott ein wenig nach, denn er wusste zu jeder Sekunde, wo sich ein jedes Lebewesen gerade aufhielt.

Die Beobachtung des ersten Ehepaars auf Erden bereitete Gott große Freude. Adam und Eva waren wie zwei unschuldige Kinder und wie diese unglaublich einfallsreich. Nicht selten lachte Gott über die Streiche, die Adam und Eva den Tieren spielten. Alles erlaubte er ihnen, nur eines nicht: Sie durften nicht in die verbotene Zone gehen, wo Gott, der Herr, noch immer an Tieren und Pflanzen herumexperimentierte: an Tieren, die keinen Hunger empfanden, oder an Lebewesen, die je nach Bedarf zwischen Tier, Pflanze und toter Materie hin und her pendelten. Auch der Baum der Erkenntnis und der Baum des ewigen Lebens standen in der verbotenen Zone, denn Gott hatte große Bedenken, dass unendliches Wissen oder ewiges Leben bei Mensch und Tier Schaden anrichten könnte.

Gott schuf einen Zaun, der alle Tiere von seinem Experimentiergarten fernhalten sollte, und dieser Zaun wurde wie alles, was der Schöpfer in die Hand nahm, perfekt. Nicht einmal eine Maus konnte durchschlüpfen, und erst recht keine Ameise oder Mücke.

Als Eva, die übrigens viel neugieriger als Adam war, den Zaun entdeckte, rief sie Adam zu sich, und beide blickten darüber hinweg zu den exotischen Früchten im dahinterliegenden Garten.

Gott hatte ihnen vor Kurzem ausdrücklich den Genuss dieser Früchte verboten. Kinder aber – und Adam und Eva hatten die unschuldige Seele eines Kindes – kann man mit nichts auf der Welt neugieriger auf etwas machen, als wenn man es ihnen verbietet. So schnitten die beiden ein Loch in den Zaun und krochen in die verbotene Zone.

Ein einziges Tier nur entdeckte das Loch und kroch hinter Eva und Adam her: eine Schildkröte. Sie wollte zum Baum des ewigen Lebens, dessen Früchte überreif auf den Boden fielen und verlockend aromatisch rochen. Die Schildkröte ging langsam, sehr langsam.

»Schau dir diese Gauner an«, sagte sich da Gott. »Jetzt geht es los«, rief er zufrieden und rieb sich die Hände, denn jetzt spürte er das gewisse Etwas, ein Herzklopfen, das er bis dahin nicht gekannt hatte.

Als das Paar vor dem Baum der Erkenntnis stand, *pflückte Eva eine Frucht, biss davon ab und gab sie ihrem Mann, und auch er aß davon.* Die Frucht schmeckte scheußlich nach Schweiß und Galle. In diesem Augenblick hörten sie Gott sich räuspern. Das tat der Schöpfer der Welten immer, wenn er seinen Besuch ankündigte. Erschrocken warf Adam die Frucht ins hohe Gras und rannte auf das Loch zu. Da erblickte er die Schildkröte, die gerade eine Frucht vom Baum des ewigen Lebens anknabberte. »Verfluchte Kröte«, schimpfte Adam, schlug ihr die Frucht aus dem Maul und nahm das Tier mit hinaus. Eva hingegen ging langsamen Schrittes auf den Zaun zu, schlüpfte durch das Loch und flickte es dann in Windeseile so gut, dass man den Riss kaum mehr erkennen konnte. Sie merkte nicht, wie zufrieden Gott lächelte.

Die Schildkröte hatte von einer Frucht vom Baum des ewigen Lebens gerade so viel erwischt, dass sie zwar nicht unsterblich, aber immerhin uralt wurde.

Der Bissen Frucht vom Baum der Erkenntnis aber hatte Adam und Eva die Augen geöffnet, und sie merkten zum ersten Mal, *dass sie nackt waren. Deshalb flocht sich jeder aus Feigenblättern einen Lendenschurz.*

Nun hörten sie, *wie Gott, der Herr, durch den Garten ging. Sie versteckten sich* vor Scham.

Gott rief den Menschen: »Wo bist du?«

Der Mann antwortete: »Ich hörte dich kommen, da bekam ich Angst und versteckte mich, weil ich nackt bin!«

»Wer hat dir das gesagt?«, fragte Gott. »Hast du etwa von den verbotenen Früchten gegessen?«

Adam hatte große Angst, und Angst ist die Mutter der Lüge. Er fürchtete Gott sehr, denn er hatte einmal miterlebt, wie gnadenlos der Herr der Welten im Zorn werden konnte. Der Schrecken von damals, als der mächtige Engel Luzifer zur Strafe in die dunkle Hölle gestürzt worden war, saß ihm noch in den Knochen. Adam schaute um sich, und da stand nur Eva.

»Die Frau, die du mir gegeben hast, reichte mir eine Frucht, da habe ich gegessen«, stotterte Adam unsicher.
Gott dachte bei sich: Jetzt wird es wirklich spannend. Das war die erste Lüge auf Erden.

In diesem Augenblick spürte Eva, wie ein neues, unangenehmes Gefühl ihr den Magen aufwühlte. Zum ersten Mal schämte sich eine Frau ihres Mannes.

Gott fragte Eva: *»Warum hast du das getan?«*

Nun stand sie da, allein und verlassen. Der Mann, dem sie bisher im Dschungel und in der Nacht vertraut hatte, zitterte am ganzen Leib. Er zupfte an seinem Feigenblatt. Da sah Eva ein Tier vorbeigehen. Es schaute sie wie immer mit toten Augen an und züngelte dabei so unverschämt, ja fast anzüglich.

Eva antwortete: *»Die Schlange ist schuld, sie hat mich dazu verführt.«*

Gott bewunderte die Frau, die Nerven hatte, so ein hässliches Tier der Verführung zu beschuldigen.

Gott, der allmächtige Künstler, arbeitete stets an seiner Schöpfung weiter. Er nahm da einen Stachel, eine

Farbe oder eine Schuppe heraus, gab dort einen Zahn, eine Flosse, eine Feder dazu, bis seine Geschöpfe vollkommen wurden. Schon lange wollte er an der Schlange, diesem nicht ganz gelungenen Geschöpf, noch einmal feilen. Und die Füße, so schien es ihm jetzt, waren wohl eher hinderlich für die Fortbewegung dieses ansonsten sehr eleganten Tieres.

Die Schlange bereitete eine Antwort vor für den Fall, dass Gott sie fragte, warum sie Eva verführt hatte. Sie wollte ihm schon sagen, dass die Frau gelogen hatte, weil sie die Schlange hässlich fand. Und weiter wollte die Schlange wissen, wer daran schuld sei, dass sie so hässlich war. Aber dann schwieg sie doch aus Ehrfurcht vor dem Herrn.

Gott, der Allwissende, wollte jedoch gar keine Frage stellen, denn am Ende wäre er noch zum Schuldigen gemacht worden.

Da sagte Gott, der Herr, als hätte er Eva geglaubt, *zu der Schlange:* »*Du sollst verflucht sein! Auf dem Bauch wirst du kriechen und Erde fressen, du allein von allen Tieren.*«

Die Schlange erkannte, dass der Allmächtige sie damit für ihr Schweigen belohnen wollte, und war zufrieden, als ihr die vier lästigen Beine abfielen und sie sich mit einem Mal so geschmeidig auf der Erde dahinbewegen konnte. Sie fragte sich verwundert, warum Gott das als Strafe und nicht als Korrektur einer Konstruktion deklarierte.

Du allein von allen Tieren stimmt doch überhaupt nicht. Meine Güte, was ist denn dann mit all dem Gewürm?, dachte die Schlange weiter. Als sie jedoch höflich, aber mit Biss danach fragen wollte, spaltete Gott ihr die Zunge, und es war nur noch ein unverständliches Zischen zu hören. Eva erschrak fast zu Tode beim Anblick der abgefallenen Beine und der gespaltenen Zunge. Gott bemerkte das.

»*Und ich bestimme*«, sagte er zur Schlange gewandt und gab sich Mühe, ernst zu bleiben, »*dass Feindschaft herrschen soll zwischen dir und der Frau, zwischen deinen Nachkommen und ihren Nachkommen. Sie werden euch den Kopf zertreten, und ihr werdet sie in die Ferse beißen.*«

»Wird gemacht, Chef«, zischte die Schlange säuerlich und kroch davon, der Tritt von Eva erreichte sie nicht mehr.

Gott aber war in großer Sorge. Er dachte: Der Mensch hat gerade in die Frucht vom Baum der Erkenntnis gebissen und alles Wissen steht ihm von nun an offen. *Es darf nicht sein, dass er auch noch vom Baum des Lebens isst. Sonst wird er ewig leben!* Und der Kampf der Götter geht von vorne los.

Er vertrieb den Menschen aus dem Garten Eden.

Mit der Zeit trafen Adam und Eva immer häufiger auf Menschen, die wohl auch aus dem Paradies vertrieben worden waren.

Eva begann Tiere zu zähmen und um sich zu scharen. Adam wurde Bauer, und Kain, sein erstes Kind, auch. Den zweiten Sohn nannte er ahnungsvoll Abel, was so viel bedeutet wie Flüchtigkeit, Windhauch. Und Abel schlug nach seiner Mutter und wurde Hirte.

Adam, noch immer geplagt von Gewissensbissen, opferte Gott jedes Jahr nach der Ernte etwas zum Dank dafür, dass dieser seine Felder wieder zur rechten Zeit bewässert, mit Leben behaucht und mit Sonnenstrahlen beschenkt hatte. Gerührt sah Gott auf das Feuer mit den Opfergaben, und so stieg der Rauch durch den göttlichen

Sog senkrecht zum Himmel auf. Kein Wind konnte auch nur ein Fähnchen aus der Rauchsäule wehen lassen.

Kain tat es später seinem Vater nach und erfreute sich immer wieder aufs Neue am Anblick der Säule, die einmal im Jahr die Erde mit dem Himmel verband. Das ganze Jahr über war er voller Vorfreude auf dieses Erntefest. Es war jedes Mal ein Spektakel, zu dem sich Mensch und Tier versammelten.

Kain, der bei Hitze und Kälte fleißig arbeitete, übertraf seinen Vater sogar und wurde von allen geachtet. Doch bald bemerkte Gott eine gewisse Eitelkeit in allem, was Kain tat.

Als sesshafter Bauer sah Kain auf seinen umherziehenden und völlig verschmutzten Bruder, den Hirten Abel, immer ein wenig herab.

Als Abel erwachsen wurde und mit großer Geduld die Schafe und Ziegen zur Weide führte, dachte auch er daran, Gott dafür zu danken, dass seine Herden innerhalb weniger Jahre doppelt so groß geworden waren. Wie aber sollte er sich bedanken? Dem einfältigen Abel fiel nichts ein.

Einmal brachte Kain von seinem Ernteertrag dem Herrn ein Opfer dar. Abel tat es ihm gleich: Er nahm eines von seinen erstgeborenen Lämmern seiner Herde, schlachtete es und brachte die besten Stücke Gott als Opfer dar. Das war das erste Tieropfer. Aus dem Lamm in Kräutern triefte das Fett, und das gegrillte Fleisch roch sehr angenehm. *Der Herr blickte freundlich auf Abel und sein Opfer.* Und da nicht einmal Gott zwei Sachen gleichzeitig beobachten kann, ohne an Aufmerksamkeit zu verlieren, beobachtete er voller Neugier und Genuss das Opferfest des Hirten, *Kain und sein Opfer schaute er nicht an.*

Abels Rauchsäule verband, wie aus glattem Marmor geschaffen, die Erde mit dem Himmelreich, Kain aber hustete und spuckte, je mehr er das Feuer anzufachen versuchte. Der Qualm wehte ziellos über die Erde dahin, weil keiner ihn wollte.

Die Zuschauer wanderten zum Stand des Hirten, der inzwischen immer mehr Fleisch grillte.

Kain stieg das Blut in den Kopf, und er starrte verbittert vor sich hin. Der Herr sah es und fragte Kain: »Warum wirst du zornig? Warum brütest du vor dich hin? Wenn du Gutes im Sinn hast, kannst du den Kopf frei erheben; aber wenn du Böses planst, lauert die Sünde vor der Tür deines Herzens und will dich verschlingen. Du musst Herr über sie sein!«

»Mal sehen«, nuschelte Kain, der Ackersmann. Als er aber ein halbes Jahr später sah, wie sein Bruder nun dabei war, einen Riesenaltar aufzubauen und den Platz um diese Opferstätte für das Fest vorzubereiten, da war Kain mit seiner Geduld am Ende, und die Sünde drang in sein Herz und verschlang jedwede Hemmung.

Zwei Tage vor dem Fest *sagte Kain zu seinem Bruder: »Komm und sieh dir einmal meine Felder an!« Als sie aber draußen waren, fiel er über seinen Bruder her und schlug ihn tot.*

Das war der erste Mord auf Erden.

Mensch und Tier standen verwirrt vor Abels Leiche. Kain heuchelte mit Tränen Trauer und mit lautem Klagen Schmerz. Adam beschwor alle Lebewesen der Erde, nach dem Mörder seines Sohnes zu suchen. Und alle gingen hinaus, um Adams Wunsch nach Möglichkeit zu erfüllen. Auch Kain täuschte vor, nach dem Mörder seines Bruders zu suchen. Doch niemand fand auch nur die winzigste

Spur. Gott erlebte endlich mit Spannung, wonach sich seine Seele jahrtausendelang gesehnt hatte. Er schaute interessiert zu, neugierig zu wissen, welches Lebewesen den Verbrecher finden würde. Hund und Bär waren kurz davor, der Hund durch seinen Geruchssinn und der Bär durch seinen Verstand. Doch Kain stellte dem Bären eine Falle nach der anderen, und das arme Geschöpf war nur noch damit beschäftigt, sein Leben zu retten. Den Hund aber verführte Kain Tag für Tag mit einem Stück Fleisch. Und so folgte dieser schon am vierten Tag schwanzwedelnd seinem neuen Herrn, bei dem er nun nicht mehr mühsam nach Beute suchen musste. Sein Futter lag jetzt immer in einem Napf vor Kains Hütte. Seitdem folgt der Hund allen Nachfahren von Kain.

Mensch und Tier drehten sich auf der Suche nach dem Mörder im Kreis, und Adam und Eva waren verzweifelt.

Bald zürnte Gott dem gerissenen Kain. *Da fragte der Herr ihn: »Wo ist dein Bruder Abel?«*

»Was weiß ich?«, antwortete Kain mit einer Frechheit, die Gott erboste. *»Soll ich ständig auf meinen Bruder aufpassen? Soll ich etwa den Hirten hüten?«*

»Warum hast du das getan?«, sagte der Herr. *»Hörst du nicht, wie das Blut deines Bruders von der Erde zu mir schreit und Vergeltung fordert?«*

Kain legte seine Hand an sein Ohr und grinste. »Da schreit niemand nach diesem miserablen Hirten«, erwiderte er furchtlos. »Die Leute sind es leid, weiterzusuchen, und bald ist er vergessen.«

»Doch sie werden dich finden«, gab Gott zurück.

Kain lachte. »Entschuldige bitte, zwei Jahre sind inzwischen vergangen, und außer Eva denkt keiner mehr an Abel.«

»Sie werden dich finden, du seelenloser Mörder«, sagte Gott und *machte Kain ein Zeichen auf die Stirn.* Es war ein rotes Dreieck mit einem gelben Pfeil. Eindeutiger ging es kaum. Kain aber spürte nichts davon.

Er wunderte sich jedoch sehr, als sein Vater und seine Mutter ihn auf einmal verfluchten und verstießen. Auch alle Tiere suchten bei seinem Anblick erschrocken das Weite. Der dümmste Esel erkannte nun, wer der Mörder war, und begann fürchterlich laut zu iahen.

Kain flüchtete ängstlich.

Und Gott war ärgerlich auf sich selbst, denn er erkannte nun, dass er den Reiz der Geschichte mit dem Mal auf Kains Stirn übereilt verdorben hatte. Alle Lebewesen gingen seitdem nämlich davon aus, Gott würde in Zukunft jeden zeichnen, der ein Verbrechen begeht.

»Als hätte ich nichts Besseres zu tun, als Missetäter abzustempeln«, zürnte er.

Kain sagte zum Herrn: »Diese Strafe ist zu hart. Du vertreibst mich vom fruchtbaren Land. Als heimatloser Flüchtling muss ich umherirren; ich bin vogelfrei, jedermann kann mich ungestraft töten. Warum hast du mir dieses Zeichen auf die Stirn gedruckt?«

Der Herr antwortete mit beschwichtigender Stimme: »Damit die Leute wissen, dass du unter meinem Schutz stehst.«

Nun hatte sich Gott selbst alle Möglichkeiten verbaut, das Zeichen wegzunehmen. Nun musste es bleiben. Und er empfand plötzlich so etwas wie Mitleid mit dem Mörder.

Kain konnte dem Herrn nicht ganz folgen. »Und was ist, wenn Mensch und Tier das Mal missverstehen und mich töten?«

»Keine Angst, ich werde es allen erklären. Und wehe, einer fasst dich an. *Ich bestimme: Wenn dich einer tötet, müssen dafür sieben aus seiner Familie das Leben lassen.*«

Und Gott verkündete seinen Beschluss allen Erdenbewohnern, und weder Mensch noch Tier konnte sich einen Reim darauf machen, warum Gott ausgerechnet einen Mörder in Schutz nahm.

Kain zog weiter, und er heiratete eine Frau, deren Abstammung unklar war. *Sie wurde schwanger und gebar einen Sohn: Henoch.*

Abel aber blieb ungerächt, denn wer wollte schon für einen unbekannten Hirten sieben seiner liebsten Angehörigen hergeben?

Nach diesem Missgeschick schwor sich Gott ein für alle Mal, nie wieder durch ein Zeichen in die Aufklärung eines Verbrechens einzugreifen, sondern wie bei einem guten Krimi geduldig dem Ende entgegenzufiebern.

Der Herr der Welten mischte sich von da an überhaupt nicht mehr in das Geschehen auf der Erde ein. Er lehnte sich zurück und begann in Ruhe den größten Roman aller Zeiten zu lesen: die Menschheit.

(2000)

---

1 Alle kursiven Textstellen sind Zitate aus: ›Die Bibel‹, Deutsche Bibelgesellschaft, Stuttgart 1983.

Einmal Kairo und zurück

Die Kälte hat im November 1999 alle Rekorde der letzten hundert Jahre gebrochen. Eisiger Wind fegt die Blätter von den Zweigen, wirbelt sie durch die Luft und lässt sie zu Boden fallen, um sie dann die Straße entlangzuschieben. Es schließen sich die letzten Lücken am Himmel über Reutlingen, und die Seelen der Menschen, die an diesem Nachmittag aus den Geschäften strömen, verdüstern sich. In den Gesichtern der Reutlinger spiegelt sich der bleierne Himmel wider.

Ahmad, ein achtzehnjähriger Ägypter, kommt eben aus der Stadt. »Wenn sie mich wirklich lieben würde, dann hätte sie es nicht nur mit ihrem Vater, sondern mit der ganzen Familie aufgenommen«, flüstert er und verflucht in seinem Herzen ihren Vater, der keine Ahnung von der Liebe hat. Zu Hause angekommen, sinkt er in einen alten Sessel. Ahmad betätigt den roten Knopf der Fernbedienung. Das Kinderprogramm ist gerade zu Ende. Die Sprecherin kündigt mit gekünstelter Stimme und weit aufgerissenen Augen einen spannenden amerikanischen Film an.

Es ist einer der billigen Krimis, bei denen jeder Zuschauer den Mörder in zehn Minuten herausfinden kann. Der Kommissar braucht dafür über dreißig Minuten.

Nach einer kurzen Weile schaltet Ahmad um und landet in einem zweiten Film, der gerade angefangen hat: Da kommt der Filmheld Bernd gerade von der Arbeit heim und lässt erschöpft seine Tasche fallen. Die Kamera schwenkt auf einen Brief, den die Ehefrau zum Abschied auf dem Fernsehtisch zurückgelassen hat. Bernd beachtet den Brief nicht. Er wirft seine Jacke auf das Sofa, holt eine Bierdose aus dem Kühlschrank, öffnet sie und nimmt einen kräftigen Schluck. Er schiebt die Jacke zur Seite und lässt sich auf das Sofa fallen. Mit der Fernbedienung schaltet er den Fernseher ein.

Ahmad murmelt: »Nun mach schon den Brief auf!«

»Ich kann diese Briefe nicht mehr sehen!«, brummt Bernd, stellt die Bierdose auf den Boden und schaltet um: ein Fußballspiel.

Ein kluger Filmemacher, denkt Ahmad, er lässt den Schauspieler auf die Frage antworten, die dem Zuschauer beim Beobachten der Filmszene durch den Kopf geht. Das ist wirklich neu und spannend – oder ist das ein Zweiwegesystem? Ahmad hat einen ganz normalen Einwegfernseher. Es gibt allerdings inzwischen auf der Welt nicht nur Fernsehgeräte, die kleiner sind als eine Streichholzschachtel, sondern merkwürdige Geräte, von denen die einen schwärmen und vor denen die anderen zittern.

»Das kann nur die zweite Liga sein!«, kommentiert Ahmad das Fußballspiel.

»Das soll die zweite Liga sein? Die lahmen Enten in der dritten spielen besser!«, schimpft Bernd und schaltet um. Auf seinem Fernsehschirm ist ein großer Brand zu sehen. Aus den Fenstern der mittleren Stockwerke eines Hochhauses schlagen Flammen; dunkle Rauchwolken quellen ins Freie. Die Feuerwehr versucht die Menschen zu retten, die verzweifelt aus den höheren Stockwerken um Hilfe rufen. Die Kamera schwenkt aber auf ein nahegelegenes Haus und fährt langsam durch ein Fenster im zweiten Stock. Immer leiser werden die Schreie und immer deutlicher hören Ahmad und Bernd Bettgeflüster. Auf dem Bildschirm können sie eine Liebesszene aus der Vogelperspektive beobachten. Ein Mann liegt in Anzug und Krawatte auf einer angezogenen Frau.

»Züchtige Liebesspiele für Oma und Opa zum Nachmittagskaffee«, ruft Bernd.

»Extra für Saudi-Arabien produziert«, antwortet Ahmad, und Bernd lacht. Das Paar nimmt von dem Brand keine Notiz. Nach einer Weile erhebt sich der Mann. Die Frau ruft ihm vom Bett aus flehend nach: »Karl, bleib doch noch ein bisschen da, bitte!«, aber Karl geht durch einen Korridor ins Wohnzimmer. Dort stehen zwei Fernseher. Man sieht im Fernsehgerät, das im Bücherregal steht, zwei Frauen bei einem Tennisspiel und im Apparat neben dem Fenster eine Filmszene bei den Pyramiden.

»Schöne Beine hat die Schwedin!«, ruft Bernd. Karl, der den letzten Sommerurlaub in Ägypten verbracht hat, stellt beim Anblick der Pyramiden fest: »Das sind doch keine echten Pyramiden, so sehen die Dinger nicht aus!«

Ahmad nickt. »Das muss man den Amis lassen. Nur sie können zehntausend verschiedene Arten von arabischen Kopftüchern binden lassen, bei denen keine einzige stimmt.« Er lacht bitter.

Währenddessen verprügelt in dem ägyptischen Film ein Scheich eine kleine Frau und beschimpft sie. »Mein Gott, was ist das für eine Sprache? Arabisch?«, wundert sich Karl.

»Das soll Arabisch sein? Nie im Leben! So können nur die Amis gurgeln«, empört sich Ahmad.

Inzwischen langweilt das Tennisspiel Karl, und er interessiert sich zunehmend für den Spielfilm. Aber der alleine genügt ihm nicht, also sucht er in dem zweiten Gerät einen weiteren interessanten Film.

»Lass das Tennis an, sonst schalte ich dich aus!«, ruft Bernd.

Entsetzt schaut Karl um sich. »Mein Gott, jetzt bin ich auch in ein Zweiwegesystem hineingeraten. Das ist ja kein Leben mehr, wenn einen jeder, der so ein System hat, herumkommandiert!«

»Schalt zurück, sonst bist du weg vom Fenster!«, brüllt Bernd und nimmt einen kräftigen Schluck aus der Bierdose. »Ich habe nicht fünfundsiebzig Mille hingeblättert, damit du Sendungen siehst, die mir nicht gefallen«, grölt er noch lauter.

Karl schaltet zurück zum Sportprogramm. »Mit mir könnt ihr es ja machen!«, jammert er. »Mein Schwager hätte sich so was nicht gefallen lassen! Der hat ein Intercontinentalsystem, mit dem kann er sich überall in der Welt in das Leben der Menschen einschalten. Aus Groß Gerau klickt er sich in die Schlafzimmer der Japaner. Aber der kann dafür ja auch zweihundertfünfzig Riesen ausspucken. Das ist der reinste Wahnsinn!« Während Karl jammert, stellt sich heraus, dass der romantische ägyptische Spielfilm in Wahrheit der Albtraum eines anderen Hauptdarstellers ist in einem Film, der im Ägypten der neunziger Jahre spielt. Malik, der schweißgebadet aufwacht, sieht der geprügelten Frau aus seinem Albtraum ähnlich. Die Frau jedoch, die neben ihm schläft, sieht dem brutalen Scheich ähnlich. Im Film wird nun die Geschichte von dem kleinen Angestellten Malik erzählt, der unter seinem herrschsüchtigen Chef, einem beleibten Ägypter, so leidet, dass er Mordpläne gegen ihn schmiedet.

Eines Tages sollen Malik und seine Frau auf einer Party des Chefs in der Küche helfen. Die Kamera schwenkt über eine große Villa in einem vornehmen Viertel von Kairo. Plötzlich erfasst die Kamera Malik, der über den Golfplatz seines Chefs schleicht. Er nimmt dort drei Golfbälle aus einer Ledertasche und tauscht sie gegen Bälle mit hochexplosivem Plastiksprengstoff aus. Heimtückisch grinsend geht er in die Küche zurück.

Die Gäste kommen am frühen Nachmittag. Der Hausherr kündigt laut seinen Wunsch an, eine Partie Golf mit einem griechischen Reeder zu spielen, als Revanche für das Spiel im letzten Jahr. Der Grieche lacht und sagt in gebrochenem Arabisch: »Du mich nix kaputt. Ich haue meine Eier immer in dein Loch!«

Die Gäste lachen. Man sieht in der Ferne Segelboote auf dem Nil.

Malik beobachtet die Szene und schwitzt vor Angst und Anspannung. Er zieht sich unbemerkt in die Villa zurück. Dort steht ein großes Fernsehgerät im Salon. Nervös schaltet er den Fernseher ein. Ein Sprecher kündigt den deutschen Film »Reutlinger Nächte« an. Er fügt hinzu, dass dieser Film aus der Serie »reality tv« in zweiundzwanzig Sprachen ausgestrahlt werde. Aber diese Ankündigung nimmt der sichtbar nervöse Malik nicht zur Kenntnis. Er lässt den Film im deutschen Originalton laufen und beobachtet das Geschehen auf dem Golfplatz.

Ahmad, Bernd und Karl sind zufrieden.

Die Straßen von Reutlingen werden gezeigt. Man sieht Ahmad von der Schule kommen. Er geht zu seiner Freundin, einem kleinen, etwas dicklichen Mädchen, das hinter der Theke eines Wurststands des großen Kaufhauses steht. Er bleibt vor dem Stand stehen, die Kamera zeigt über seine Schultern das nervöse Gesicht der Freundin. Sie dreht sich um und beschäftigt sich mit der Wurst. Die Kamera schwenkt auf Ahmad, der sich bemüht, seine Freundin zu rufen, doch sie schüttelt nur den Kopf. Als er sich dann zum Stand vorwagt und immer lauter wird, kommt sie heraus und sagt knapp: »Es geht nimmer. Meine Eltern wollen's net.«

Ahmad – zu Hause in seinem Sessel – flüstert: »Genau so war das!«

»Ist schon recht. Was hat ein solches Mädle bei ei'm Kümmeltürken zu suchen?«, fragt sich Bernd. Doch Karl widerspricht: »Liebe, mein Lieber, Liebe sucht das einsame Mädchen. Aber Araber sind Kameltreiber und keine Kümmeltürken, wenn ich korrigieren darf...«

Ahmad wünscht sich in diesem Augenblick ein Supersystem, mit dem er nur Bernd und Karl ausschalten könnte, ohne die Verbindung zu Malik nach Kairo zu verlieren. Aber er weiß, dass sein schäbiges Gerät das nicht kann. In diesem Augenblick wird der Raum, in dem Malik die »Reutlinger Nächte« sieht, von einer Explosion erschüttert. Malik rennt aus dem Zimmer, kommt aber eilig zurück, sucht verzweifelt nach der Fernbedienung und schaltet das Fernsehgerät aus. In diesem Augenblick verschwinden Ahmad, Bernd und Karl, denn Malik hat, ohne es zu wissen, ein Gerät der Superklasse mit Intercontinentalsystem bedient, das auch die Zuschauer, die sich in das System eingeklinkt haben, ausschalten kann.

Draußen, auf den Straßen von Reutlingen, glänzt Eis. In den frühen Abendstunden fängt es an zu schneien. In dicken Flocken fällt lautlos der junge Schnee und überzieht die Stadt innerhalb kurzer Zeit mit weißem Zuckerguss.

Wie ein unsichtbares Riesenkind spielt der Schnee mit den winzigen Autos auf der Straße. Er schiebt sie hin und her, lässt sie im Kreise drehen und rutschen. Und immer, wenn zwei Stoßstangen aneinanderkrachen, lacht das Kind lautlos und verwischt mit seiner flachen Hand die Spuren der Autoreifen, die für einen kurzen Augenblick wie dunkle Schlangen hinter den Autos glänzen.

(1990)

Das Buch der Zukunft

Manfred ist einer der besten Computerexperten in diesem Land. »Das Buch der Zukunft«, sagte er mir beim letzten Besuch, »wird traumhaft sein. Es wird das Lesen revolutionieren und eine atmosphärische Lektüre ermöglichen. Und das, ohne einen dicken Schinken in Händen halten zu müssen, ohne meterlange Regale, ohne Zerstörung der Wälder. Denn es wird papierlos sein«, schwärmte er weiter, »ein Rechteck, so groß wie deine Handfläche. Man kauft es nur einmal und tankt es an sogenannten Wissenstankstellen nach Belieben auf. Diese elektronischen Bibliotheken können gegen eine geringe Gebühr in Sekundenschnelle jedes Buch der Welt in jeder Sprache abrufen und speichern. Bald werden überall Selbstbedienungsautomaten stehen. Man schiebt das elektronische Buch in einen solchen Automaten und tippt den gewünschten Titel ein, der nun getankt werden kann. Das kleine elektronische Buch hat eine Kapazität von 300 000 Seiten. Man kann Bücher, die man gelesen hat, nach Belieben löschen oder Zitate, für welche Gelegenheit auch immer, per Knopfdruck speichern und jederzeit abrufen.

Zu Hause dann beginnt der wichtigere Schritt des atmosphärischen Lesens. Der Monitor wird zu einer Buchseite mit beliebig wechselbarem Schrifttyp. Auch Farbe und Schriftgröße können nach Wunsch verändert werden. Selbstverständlich kann man vor- und zurückblättern. Aber das ist noch längst nicht alles. Streicht man mit dem Finger über die Zeile, betätigt man den sogenannten ›Akustik-File‹. Der Receiver empfängt ein Infrarotsignal und löst den an feinste Quadrophon-Lautsprecher angeschlossenen ›Sounder‹ aus, der alle Geräusche des jeweiligen Abschnitts erzeugt. Auf diese Weise hört man die Schritte, den Wind, das Summen der Insekten, einen Wasserfall, ja alle Hintergrundgeräusche, als würde man selbst im Roman herumwandern. Aber auch das ist noch nicht alles. Gleichzeitig geht nämlich ein Signal vom Receiver an den ›Atmosphäre-File‹, der über Ventilatoren und Sprühanlagen Temperatur, Wind, Feuchtigkeit und Geruch steuert.

Die akustische Atmosphäre zu erzeugen bereitet absolut kein Problem. Das ist ja die Gnade des Tons. Er stirbt im Augenblick seiner Geburt. Nicht so der Geruch. Etwa hundert Düsen steuern die Atmosphäre so, dass sie der im Buch entspricht. Doch wie soll ein Geruch schnell wieder verschwinden? Die Situation ändert sich ja in manchen Geschichten von Zeile zu Zeile. Stell dir eine Verfolgungsjagd mit Schießerei durch mehrere Straßen, Nachtlokale, Häuser und womöglich Parkanlagen oder Sümpfe vor! Wie gesagt, mit den neuen Computern ist es kein Problem, die Atmosphäre herzustellen, doch sie verschwinden zu lassen ist bis jetzt noch nicht möglich. Den computergesteuerten Geruchsschlucker gibt es zwar schon, aber das Gerät füllt ein ganzes Zimmer und ist immer noch sehr teuer. Immerhin ist so etwas eine Anschaffung fürs Leben. Man kann mit dem Gerät alle unangenehmen Gerüche im Haus aufsaugen und durch andere ersetzen lassen. Und die Computer werden kleiner und damit auch billiger werden, so dass sich bald jede Familie das atmosphärische Lesen wird leisten können.«

»Was heißt bald«, erwiderte ich triumphierend, »ich besitze bereits eine solche Anlage. Und die kann noch mehr und ist viel umweltfreundlicher als dein Sprüh- und Schluckmonster.«

Mein Freund schwieg einen Augenblick lang überrascht, dann lächelte er verlegen. »Willst du mich auf den Arm nehmen? Die Sache ist gerade erst in Planung. Es gibt sie noch nicht!«

»Doch, hier«, sagte ich und tippte mir an den Kopf.

(1993)

Inhalt

Rückblende der Sehnsucht 7
Warum wir keine Amerikaner wurden 9
Erinnerst du dich? 12
Der andere Blick 29
Eine deutsche Leidenschaft namens Nudelsalat . . . 31
Der Leichenschmaus 37
Entspannung in Frankfurt 50
Von echten und unechten Deutschen 59
Vaters Besuch. 65
Warum ist ein Kaufhaus kein Basar? 69
Eine Germanistin im Haus erspart den Psychiater . . 73
Schulz plant seine Entführung 83
Der geborene Straßenkehrer 87
Mörderische Verwandlungen 91
Mein sauberer Mord 93
Eine Leiche zu viel 98
Der Libanese 121
Fantasie der Einsamkeit 149
Subabe 151
Eine harmlose Lesung 164
Der letzte Zettel 175
Gottes erster Kriminalfall 178
Einmal Kairo und zurück 192
Das Buch der Zukunft 199
Quellenverzeichnis 205

Quellenverzeichnis

»Warum wir keine Amerikaner wurden«
(Erstveröffentlichung)

»Erinnerst du dich?«
In: ›Lob der Ehe. Ein weltliterarisches Treuebuch‹. Hg.:
Rafik Schami. München: Manesse, 2007.

»Eine deutsche Leidenschaft namens Nudelsalat«
(Erstveröffentlichung)

»Der Leichenschmaus«
(Erstveröffentlichung)

»Entspannung in Frankfurt«
(Erstveröffentlichung)

»Von echten und unechten Deutschen«
(Erstveröffentlichung)

»Vaters Besuch«
(Erstveröffentlichung)

»Warum ist ein Kaufhaus kein Basar?«
In: Rafik Schami und Root Leeb. ›Die Farbe der Worte‹.
Cadolzburg: ars vivendi verlag, 2002.

»Eine Germanistin im Haus erspart den Psychiater«
(Erstveröffentlichung)

»Schulz plant seine Entführung«
(Erstveröffentlichung)

»Der geborene Straßenkehrer«
In: Rafik Schami und Root Leeb. ›Die Farbe der Worte‹.
Cadolzburg: ars vivendi verlag, 2002.

»Mein sauberer Mord«
(Erstveröffentlichung)

»Eine Leiche zu viel«
In: ›Wie kam die Axt in den Rücken des Zimmermanns?
Mörderische Geschichten über Handwerker und andere
Dienstleister‹. Hg.: Rafik Schami. München: Sanssouci,
1999.

»Der Libanese«
(Erstveröffentlichung)

»Subabe«
In: ›Der Mann als Haustier. Anweisungen für fortgeschrittene und artgerechte Haltung gewöhnlicher und ungewöhnlicher Hausgenossen‹. Hg.: Felicitas Feilhauer. München: Carl Hanser Verlag, 1995.

»Eine harmlose Lesung«
In: ›Braunschweiger Lesebuch‹. Hg.: Karin Tantow-Jung.
Braunschweig: edition kemenate, 2008.

»Der letzte Zettel«
(Erstveröffentlichung)

»Gottes erster Kriminalfall«
(Erstveröffentlichung)

»Einmal Kairo und zurück«
In: ›Der blaue Knopf und andere Geschichten rund ums Fernsehen‹. Hg.: Heribert Beigel. Wien: Ueberreuter, 1990.

»Das Buch der Zukunft«
In: Rafik Schami und Root Leeb. ›Die Farbe der Worte‹. Cadolzburg: ars vivendi verlag, 2002.

Hinweis: Die bereits erschienenen Erzählungen wurden für diese Ausgabe teilweise umfassend bearbeitet.